Valesa Schell

DER BROT BACKKURS

EINFACH STARTEN – PROFI WERDEN

Valesa Schell

DER BROT BACKKURS

EINFACH STARTEN – PROFI WERDEN

INHALT

BRÖTCHEN UND BAGUETTE, DIE KÖNIGSDISZIPLIN 111

BROT BACKEN MIT WILDHEFE 131

VOLLKORNBROTE FÜR BACKPROFIS 149

BROT BACKEN MIT BESONDEREN MEHLSORTEN UND GETREIDE-ARTEN 165

SERVICE 185

VORWORT

BROT IST AUF DER GANZEN WELT DAS GRUNDNAHRUNGSMITTEL NR. 1. Jede Nation hat ihre ganz eigenen Zubereitungsarten und meist für das Land typische Mehl- und Getreidesorten. Deutschland ist jedoch das Land mit den meisten Brotsorten und einer langen Brotkultur. Wen wundert es also, dass in den letzten Jahren in deutschen Küchen ein regelrechter Brotback-Boom entstanden ist. Viele Menschen sind mit Broten aus Bäckereien oder dem Handel nicht mehr zufrieden, entwickeln Unverträglichkeiten oder haben schlicht keine Bäckerei mehr vor Ort – und machen einfach aus ihrer Küche eine eigene kleine Backstube.

Ich gehöre seit einigen Jahren ebenfalls zu denen, die aus Unzufriedenheit angefangen haben, ihr eigenes Brot zu backen. Nachdem ich Brot mit der Zeit immer schlechter vertragen habe und jedes irgendwie gleich schmeckte, egal von welchem Bäcker es war, habe ich angefangen, mich mit dem Thema zu beschäftigen. Ich habe erst mal viel gelesen und dann einfach losgelegt – mit zunächst eher mäßigen Erfolgen, da ich einfach nicht wusste, auf was ich achten muss.

Brotbacken ist bei mir mittlerweile zu einer echten Leidenschaft geworden. In der Küche stehen, Teige ansetzen, kneten und formen und am Ende ein gutes Ergebnis bekommen – das ist für mich ganz viel Entschleunigung und Entspannung. Nicht ich bestimme, wann ein Teig in den Backofen muss, sondern ich muss ihm Zeit geben, sich zu entwickeln, und mich nach ihm richten. Mit dem richtigen Know-how kann ich Einfluss nehmen, aber letztendlich zeigt mir der Teig, wann er reif ist. Ich liebe es, neue Rezepte zu entwickeln und freue mich über jedes einzelne, das mir gelingt. Ich liebe den Geschmack und Duft von gutem Brot und genieße Brot viel bewusster, seit ich es selbst backe und weiß, was es enthält – nämlich nur gute Mehle und Zutaten und keinerlei Zusatzstoffe! Vor allem vertrage ich es, seit ich dem Teig viel Zeit zum Gehen lasse.

Entgegen dem allgemeinen Trend zur Schnelllebigkeit benötigt gutes Brot außer hochwertigen Zutaten also lediglich viel Zeit – und ein wenig Know-how. Mit langen Gehzeiten, Vorteigen, Sauerteigen, wenig Hefe und etwas Wissen kann heute jeder wunderbare Brote in seinem eigenen Backofen backen. Viele Bäckereien und die Backindustrie produzieren schnelle Brote mit vielen Hilfs- und Zusatzstoffen, die Unverträglichkeiten auslösen und wenig bekömmlich sind. Backen Sie also lieber selbst. Wie das geht, zeige ich Ihnen in diesem Buch. Und ich warne Sie besser gleich vor: Es besteht durchaus die Gefahr, dass Sie Gefallen am Brotbacken finden und nicht mehr aufhören können! Jetzt wünsche ich Ihnen aber erstmal viel Freude beim Stöbern und gutes Gelingen für Ihre ersten Brote.

HERZLICHST
IHRE VALESA SCHELL

WIE DIESES BUCH AUFGEBAUT IST

Dieses Buch ist eine Anleitung, mit der jeder von Ihnen von Grund auf lernen kann, sein eigenes Brot zu Hause zu backen – und zwar richtig gutes Brot, das mit Brot aus jeder Bäckerei mithalten kann – von Anfang an.

Die Kapitel sind so geschrieben, dass sie aufeinander aufbauen. Im Kapitel „Handwerkszeug und Know-how“ (Seite 11–35) finden Sie alle grundlegenden Informationen, die Sie benötigen, damit Ihre Brote gelingen – somit ist dieses Kapitel das Wichtigste. Alle wichtigen Grundbegriffe werden erklärt und ich erläutere Ihnen ausführlich, auf was Sie bei den Rezepten achten sollten. Auf dieses Kapitel können Sie beim Backen immer wieder zurückgreifen und nachlesen, bis Ihnen das Prinzip und die Begriffe vertraut sind.

Nach dem Grundlagenteil folgen acht Kapitel zu verschiedenen Themen. Sechs davon beschäftigen sich mit verschiedenen Triebmitteln und Techniken beim Brotbacken, in den letzten zwei Kapiteln geht es um Backen mit Vollkorn und mit besonderen Mehl- und Getreidesorten.

Jedes Kapitel enthält einen wichtigen Grundlagenteil und nachfolgend Rezepte mit unterschiedlichen Vorgehensweisen.

In den ersten sieben Kapiteln sind alle Rezepte mit den gängigen Getreidesorten Weizen, Dinkel und Roggen aufgeführt, die Sie in vielen Geschäften bekommen. Lediglich die Rezepte im letzten Kapitel beinhalten besondere Sorten, die unter Hobbybäckern sehr beliebt sind.

Ich zeige Ihnen, wie Sie selbst verschiedene Arten von Triebmitteln ansetzen können, die eine große Rolle beim Gelingen der Rezepte spielen. Manchmal legt man sich dann nach einiger Zeit auf den einen oder anderen Sauerteig fest. Dazu ist es wichtig, jeden Teig einmal anzusetzen und damit zu backen, um ihn auszuprobieren. Sie bekommen dann schnell ein Gefühl dafür, welcher Ihnen am besten liegt. Oder Sie machen es wie ich und backen mit allen Triebmitteln, denn ich kombiniere die verschiedenen Triebmittel gern. In den letzten zwei Kapiteln zeige ich Ihnen, wie das gehen kann.

Alle Rezepte sind in meiner Küche entstanden und in einem herkömmlichen Backofen gebacken worden.

HANDWERKSZEUG UND KNOW-HOW

WELCHE ZUTATEN MAN VERWENDEN KANN

VON MEHLSORTEN, GETREIDE UND WAS SONST NOCH SO IN BROTTEIGE PASST

Früher war man froh, Weizen- und Roggenmehl zum Brotbacken zu bekommen. Durch die Globalisierung hat sich das sehr verändert. Wir können heute aus der ganzen Welt Mehl und Getreide bestellen, viele Urkornsorten werden wieder angebaut und sowohl die Mühlenläden als auch der Handel bieten eine große Zahl an Getreide- und Mehlsorten an. Für die ersten sieben Kapitel sind zunächst nur die gängigen Sorten, die Sie fast in jedem größeren Supermarkt oder Bioladen bekommen, relevant. Besondere Sorten stelle ich Ihnen im letzten Kapitel vor.

Mehl wird zum einen in der **Feinheit** unterschieden. Ganz fein und pudrig gemahlen ist es Mehl. Etwas grober gemahlen wird es zu Feingrieß, auch Dunst genannt. Noch etwas grober und körniger gemahlen ist es Grieß und grob gemahlenes Getreide Schrot. Beim Selbstmahlen kann man sowohl feinen Schrot als auch groben Schrot mahlen.

Zum anderen unterscheidet man Mehl in Deutschland noch anhand von **Typenbezeichnungen**, die den Mineralstoffgehalt angeben. Je höher die Typenzahl ist, desto mehr Nährstoffe enthält das Mehl. Ein Weizenmehl 405 hat beispielsweise pro 100 g Mehl 405 mg Mineralstoffe. Je höher die Typenzahl ist, umso mehr Flüssigkeit nimmt das Mehl auf.

Weizen- und Dinkelmehle enthalten am meisten **Gluten**. Bei Gluten handelt es sich um Kleberproteine, die durch das Vermischen mit Wasser Glutenstränge bilden, was den Teig stabilisiert und die Luft im Inneren hält.

Je nach Mehltyp ist die Haltbarkeit unterschiedlich. Gemahlenes Mehl kann ungefähr 1 Jahr aufbewahrt werden, Vollkornmehl, je nachdem, ob der Keimling mit vermahlen wurde, ca. 4–6 Monate.

WEIZEN

Im Handel gibt es verschiedene Weizenmehltypen. Typ 405 ist zum Brotbacken weniger geeignet. Die gängigen Sorten, die für die Rezepte im Buch benötigt werden, sind das Weizenmehl 550 und 1050. Weizen 1050 wird in Mühlenläden manchmal als Brotmehl angeboten. Es gibt noch den Typ 812, den man sich aber einfach durch das Mischen von 550 und 1050, jeweils zur Hälfte, selbst herstellen kann.

DINKEL

Bei den Dinkelmehlen unterscheidet man die Typen 630, 812 und 1050. In den Rezepten wird nur das 630er und das 1050er genommen. Den Typ 812 kann man, wie beim Weizen, aus dem 630er und 1050er selbst mischen.

ROGGEN

Beim Roggenmehl unterscheidet man die Typen 815, 997, 1150 und 1370. Bei uns in den Geschäften erhält man vor allem das 997er oder 1150er. Daher habe ich für die Rezepte

SCHROT
DUNST
GRIESS
MEHL

in diesem Buch nur das 1150er genommen. Sollten Sie das nicht bekommen, können Sie auf das 997er zurückgreifen und benötigen eventuell etwas weniger Flüssigkeit.

WEITERE ZUTATEN, DIE GUT IN BROTTEIGE PASSEN

SAATEN, NÜSSE UND FLOCKEN schmecken am intensivsten, wenn sie vorher trocken in einer Pfanne angeröstet werden. Sie werden in der Regel in einem Vorteig, entweder als Brühstück oder Quellstück, bereits mit Flüssigkeit vermischt, da sie sonst zu viel von der Flüssigkeit im Teig entziehen und die Krume dadurch trocken werden würde:
Leinsamen ganz oder geschrotet, Sonnenblumenkerne, Kürbiskerne, Sesam, Mohn, Getreideflocken, Chiasamen, Flohsamenschalen, Kartoffelflocken, Kleie, Nüsse aller Art.

GEMÜSE UND OBST kann roh oder gekocht, püriert oder gerieben zum Brotteig gegeben werden. Reste vom Mittagessen eignen sich bestens dafür, sogar Kartoffelpüree schmeckt ganz ausgezeichnet in Brotteigen. Durch die Zugabe von Gemüse oder Obst wird die Krume schön feucht und das Brot hält lange frisch:
Karotten, Zucchini, Kürbis, Süßkartoffeln, Kartoffeln, Äpfel, Birnen.

SCHÜTTFLÜSSIGKEIT Verschiedene Flüssigkeiten können Broten einen außergewöhnlichen Geschmack verleihen:
Wasser, Milchprodukte wie Buttermilch, Kefir, Quark, Milch, Ayran, Mascarpone, Joghurt, Tee als Kräuter- oder Schwarztee, Gemüse- und Obstsäfte, Bier, Malzbier, Kaffee.

WEITERE ZUTATEN Frische Hefe (für den Notfall Trockenhefe), Backsalz für Laugengebäck, Brotgewürze, Backmalz enzymaktiv und nicht enzymaktiv (wird für die Rezepte in diesem Buch jedoch nicht benötigt), Sauerteige, Süßungsmittel (wie Honig, Agavendicksaft, Zucker, Zuckerrübensirup, Ahornsirup), Salz, Gewürze, Lauge für Laugengebäck.

MEHLSORTEN UND -TYPEN – EIN VERGLEICH DER GÄNGIGEN MEHLE UNTERSCHIEDLICHER LÄNDER

Diese Übersicht ist kein ganz genauer Vergleich der einzelnen Sorten und Typen und enthält nicht alle Mehle, sondern nur die gängigsten. Sie können sich jedoch ungefähr daran orientieren.

DEUTSCHLAND	ÖSTERREICH	SCHWEIZ	FRANKREICH	ITALIEN
Weizenmehl 405	W480 glatt	Weißmehl	Weizen T45	Tipo 00
Weizenmehl 550	W480 griffig	Weißmehl	Weizen T55/T65	Tipo 0
Weizenmehl 812	W700	Halbweißmehl	Weizen T80	Tipo 1
Weizenmehl 1050	W1600	Ruchmehl	Weizen T110	Tipo 2
Weizenvollkorn	W1800	Vollkornmehl	Weizen T150	Weizen Integrale
Roggenmehl 997	R960		Roggen T85	Roggenmehl Tipo 0
Roggenmehl 1150			Roggen T130	Roggenmehl Tipo 1
Roggenvollkorn	R2500 oder Roggenvollkorn	Roggenmehl 1900	Roggen T170	Roggen Integrale
Dinkelmehl 630	D700 glatt	Dinkel-Weißmehl		Bianca
Dinkelmehl 1050	D1500	Dinkel-Ruchmehl		Dinkel Integrale

KLEINE UND GROSSE HELFER ZUM BROTBACKEN

HANDWERKSZEUG

Für den Anfang benötigen Sie nur wenige Dinge, um selbst Brote zu backen:

- eine Knetmaschine mit Spiralknethaken (ist kein Muss, erleichtert aber das Kneten des Teiges sehr und spielt eine große Rolle, damit der Teig gelingt),
- eine Waage, die grammgenau wiegen sollte,
- eine Teigkarte, um Teigstücke abzustechen, weiche Teige umzufüllen oder den Arbeitsplatz zu säubern,
- eine Wasserspritze, um den Backofen zu bedampfen,
- als Ersatz für einen Gärkorb eine Schüssel oder ein Sieb.

Alle Rezepte lassen sich in einem herkömmlichen Backofen backen. Es gibt jedoch sehr viel Zubehör, das Sie sich mit der Zeit anschaffen können, wenn Sie Gefallen am Brotbacken finden, und das die Arbeit und den Umgang mit den Teigen erleichtert.

BACKUNTERLAGE

Teige können auf der Arbeitsplatte oder einem Tisch geformt werden. Für Tische oder Arbeitsplatten gibt es große unlackierte Holzbretter (Backbretter), oder Sie können sich ein dünnes Edelstahlblech anfertigen lassen, das einfach auf den Tisch gelegt wird.

BACKPAPIER ODER DAUERBACKFOLIE

Wenn Sie nicht nach jedem Backen Ihr Blech reinigen möchten, lohnt es sich, Dauerbackfolie anzuschaffen. Sie wird wie Backpapier auf das Blech gelegt und kann anschließend einfach herausgenommen und abgewischt werden. Backpapier nehme ich der Umwelt zuliebe sehr selten.

BÄCKERLEINEN

Dabei handelt es sich um spezielle Tücher, in denen Brötchen oder Baguette beim Gehen in Form gehalten werden oder Teige abgedeckt werden können.

BACKSTAHL

Mit einem Backstahl aus Baustahl kann ein Stück weit ein Bäckereiofen nachempfunden werden. Er wird speziell für den eigenen Backofen angepasst (siehe Bezugsquellen, Seite 186) und kommt anstelle eines Backblechs in den Ofen. Der Backstahl wird mit dem Backofen aufgeheizt und das Brot direkt darauf gebacken.

BRÖTCHENSTEMPEL

Damit können Sie einfache rundgewirkte Teiglinge für Brötchen verschönern. Diese Stempel werden von oben auf die Teiglinge gedrückt und hinterlassen ein Muster.

BROTBACKFORMEN UND -TÖPFE

Für Kastenbrote können einfache beschichtete Kastenformen genommen werden, die es in vielen verschiedenen Größen gibt. Darin kann man auch Toastbrote, weiche Teige und Schwarzbrote backen. Für Toastbrote gibt es geschlossene Formen, damit es rundum weich bleibt. Für Topfbrote eignen sich schwere gusseiserne Kochtöpfe mit Deckel.

BROTSTREICHPINSEL

Der sogenannte Bräunwisch wird zum Abstreichen des Teiglings mit Wasser vor dem Backen oder des Brotes nach dem Backen benutzt.

EINSCHIESSER

Dabei handelt es sich um ein sehr schmales Holz- oder Metallbrett, das zum Einbringen des Teiges in den Backofen benutzt wird. Vor allem beim Verwenden eines Backstahls sollten Sie sich dieses Brett anschaffen, da dieser zu schwer ist, um ihn aus dem Backofen zu nehmen.

GÄRKÖRBE

In Gärkörben wird der Teigling in Form gehalten, bis er in den Backofen kommt. Es gibt Gärkörbe aus Holzschliff, Peddigrohr, Rattan oder Seegras in vielen verschiedenen Größen und Formen. Für weiche Teige oder Übernachtgare im Gärkorb eignen sich passende Stoffeinsätze und zum Abdecken Plastikhauben mit Gummizug.

GETREIDEMÜHLE

Die gängigen Getreidesorten bekommen Sie als gemahlenes Vollkornmehl. Es gibt allerdings viele besondere Getreidesorten, die fast nur als ganzes Korn erhältlich sind. Wenn Sie diese öfter benutzen möchten, benötigen Sie eine gute Getreidemühle. Zum Füttern von Sauerteigen ist frisch gemahlenes Vollkornmehl außerdem am besten, da die auf den Körnern sitzenden Hefen zusätzlich für Triebkraft sorgen. Ich mahle Vollkornmehl immer selbst, da es mir so auch viel besser schmeckt.

GLÄSER ODER DOSEN FÜR MEHL UND GETREIDE

Mehltüten laden Ungeziefer ein, denn Papier oder dünnes Plastik ist kein Hindernis für Schädlinge – sie fressen einfach Löcher hinein. Daher fülle ich immer alles in große Gläser oder Dosen mit fest verschließbarem Deckel ab.

HOLZBACKRAHMEN

Für spezielle Brote wie Paderborner oder Kosakenbrot gibt es spezielle Holzrahmen, in denen das Brot gebacken wird. Durch das Holz bekommt es ein besonderes Aroma und seitlich eine weiche Kruste.

KIPPDIELE

Eine Kippdiele ist ein dünnes schmales Brett, das für weiche Teige wie Baguetteteiglinge oder Brötchen genommen wird, um diese heil auf das Backblech zu bekommen. Kippdielen gibt es auch aus Edelstahl.

ZUM ABDECKEN von Gärkörben gibt es Plastikhauben in verschiedenen Größen.

FRISCH GEMAHLENES Getreide ist oft schmackhafter als fertig gekauftes Vollkornmehl.

KNETMASCHINE

Es gibt viele unterschiedliche Küchenmaschinen, die über eine Teigknet-Funktion verfügen. Von Vorteil ist ein großer und schwerer Knethaken, der mühelos schwere Teige bewältigen kann. Die Maschine sollte problemlos 20 Minuten am Stück kneten können.

KURZZEITMESSER

Eine Küchenuhr haben die meisten von uns in ihrer Küche. Sie ist wichtig für die Einhaltung von Geh- und Backzeiten, sonst vergessen Sie schnell mal das Brot im Ofen oder das Falten des Teiges zwischendurch. Es gibt mittlerweile auch ganz gute Apps für das Handy, die Sie sich herunterladen können.

MEHLDOSE

Um die Backunterlage und den Teig zu bemehlen, ist eine kleine Streudose mit Löchern im Deckel ganz praktisch. Ich benutze dafür etwas größere Gläser mit einem feinen Siebaufsatz, die man unter der Bezeichnung Mehlstreuer im Internethandel bekommt.

MEHLSCHAUFELN

Zum Dosieren von Mehl oder Getreide gibt es spezielle Mehlschaufeln. Wenn Sie das Mehl schütten, entsteht meistens viel Staub in der Küche.

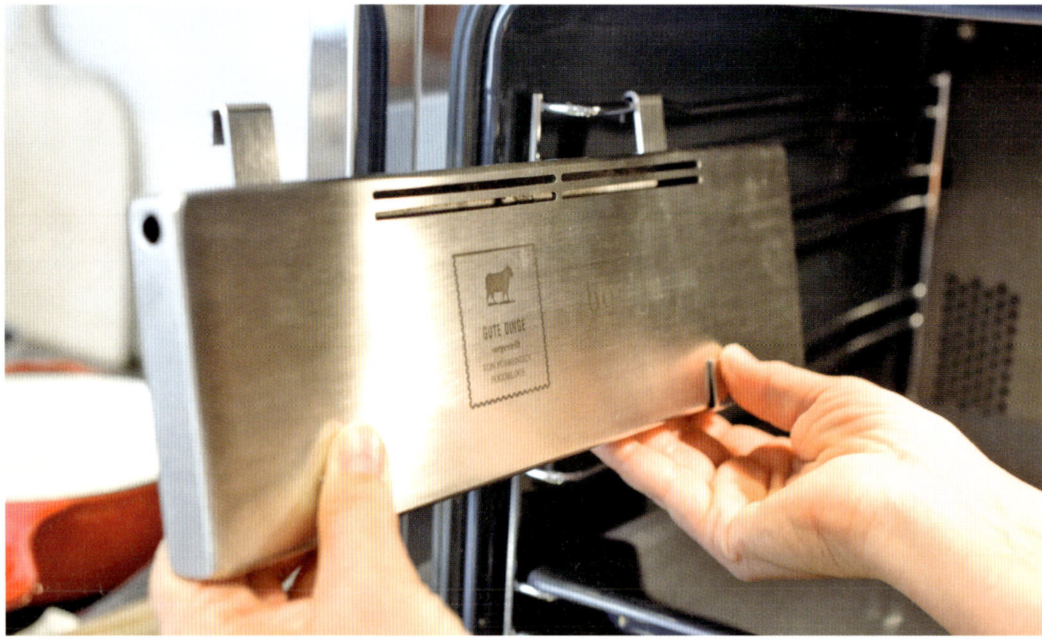

DER SCHWADOMAT ist eine gute Möglichkeit, den Backofen mit Wasser zu bedampfen.

MEHLSIEB

Spezielle Mehlsiebe gibt es in verschiedenen Größen und Materialien. Sie sind wichtig, wenn Sie bei Vollkornmehl die Kleie aussieben möchten.

MESSER ODER SKALPELL

Mit speziellen Messern oder Skalpellen ist es wesentlich einfacher, Teiglinge einzuschneiden. Am Anfang können Sie sich mit einer Rasierklinge oder einem scharfen Teppichmesser behelfen.

PLASTIKTÜTE

Es gibt sehr große Plastiktüten, in die Sie ein ganzes Blech mit Brötchenteiglingen einpacken können, wenn diese über Nacht gehen sollen. Sie sollten darauf achten, dass die Tüte lebensmittelecht ist.

ROLLHOLZ (NUDELHOLZ)

Für besondere Formen bei Broten oder Brötchen wird ein Rollholz benötigt. Das haben die meisten von Ihnen wahrscheinlich schon in Ihrer Küche.

SCHWADOMAT

Dabei handelt es sich um einen länglichen hohlen Kasten aus Edelstahl, der seitlich im Backofen aufgehängt wird. Mit einer Spritze wird Wasser in diesen Kasten gespritzt, das beim Backen langsam verdampft.

Eine günstigere Alternative ist eine Edelstahlschüssel oder -form mit Edelstahlschrauben darin, die Sie auf den Boden Ihres Backofens stellen können. Beim Einbringen des Teiges in den Backofen wird Wasser hineingespritzt, das dann langsam verdampft. Durch die Schrauben verdampft es nicht sofort, sondern erst nach und nach. Eine weitere Möglichkeit ist eine Wasserspritze, wie man sie beispielsweise für Blumen nimmt.

STIPPROLLE

Eine Stipprolle benötigen Sie, um die Oberfläche von bestimmten Brotarten zu stippen, also viele kleine Löcher in die Kruste zu bekommen. Alternativ können Sie eine Stricknadel oder einen dicken Schaschlikspieß nehmen; das dauert nur sehr lange.

TEIGSCHÜSSEL

Für lange Teigführungen sind große Teigschüsseln mit Deckel sehr praktisch. Für Teige, die über Nacht im Kühlschrank gehen, benutze ich Glasdosen mit Klickdeckel. Die können bei mehreren Broten auch gestapelt werden und fassen ziemlich genau einen Teig mit 500 g Mehl.

TEIGKARTE (TEIGSPATEL)

Teigkarten gibt es in verschiedenen Formen und Materialien. Wichtig ist eine abgerundete Teigkarte, um den Teig aus der Schüssel zu bekommen. Eine weitere ist nötig, um die Arbeitsfläche sauber zu machen und um den Teig abzustechen. Dazu benutze ich eine nicht abgerundete, unten leicht geschärfte aus Edelstahl. Auch zum Falten von weichen klebrigen Teigen kann eine Teigkarte genutzt werden.

TISCHBESEN

Ein kleiner Tischbesen ist ganz praktisch, um den Arbeitsplatz sauber zu machen. Diesen gibt es in unterschiedlichen Größen und verschiedenen Qualitäten.

EIN LANG gegangener Hefeteig entwickelt viele Gase und somit Luft in seinem Inneren.

WAAGE

Eine Waage ist ganz wichtig zum Brotbacken. Sie wird benötigt, um die Zutaten grammgenau abzuwiegen und um Teiglinge wie Brötchen zu wiegen. Für die Rezepte in diesem Buch sollte die Waage kleine Mengen von 1 g wiegen können.

EINE SCHARFE Teigkarte kann helfen, den Arbeitsplatz nach dem Brotbacken sauber zu machen.

WAS SIE WISSEN SOLLTEN, BEVOR SIE ANFANGEN

WISSENSWERTES ZU DEN REZEPTEN

Vorab muss ich Ihnen leider sagen, dass es nicht möglich ist, alles Wissenswerte zum Thema Brotbacken in dieses Buch zu packen. Es gibt jedoch einige grundlegende Dinge, die Ihnen helfen, von Anfang an beim Brotbacken gute Ergebnisse zu erzielen, und die erst mal ausreichend sind. Wenn Sie danach eine gewisse Routine haben und diese Dinge verinnerlicht sind, können Sie das Thema weiter vertiefen.

Die Rezepte sind alle gleich aufgebaut, sodass Ihnen bestimmte Begriffe schnell geläufig werden. In jedem Kapitel und jedem Rezept wiederholen sich bestimmt Abläufe und Techniken.

- Rezeptname
- Beschreibung oder Anmerkungen zum Rezept
- Angaben zu verschiedenen Zeiten:
  Zubereitungszeit, Zeit für die Stockgare, Zeit für die Stückgare, Backzeit
- Auflistung aller Zutaten
- Zubereitung des Vorteigs (bzw. der Vorteige)
- Zubereitung des Hauptteigs: Mischen und Kneten, Stockgare, Formen, Stückgare
- Backen des Teigs

BESCHREIBUNG ODER ANMERKUNGEN ZUM REZEPT

Hier finden Sie Informationen, Besonderheiten und Tipps zum Rezept.

ANGABEN ZU DEN VERSCHIEDENEN ZEITEN

Zu Beginn der Rezepte gibt es mehrere Zeitangaben, damit Sie genau wissen, wie viel Zeit Sie für den jeweiligen Vorgang einplanen müssen.

ZUBEREITUNGSZEIT Die Zubereitungszeit ist die Zeit, die Sie insgesamt benötigen, vom Anrühren der ersten Teigzutaten bis zum fertigen Brot. Da alle Rezepte lange Gehzeiten haben, sind das manchmal bis zu 30 Stunden. Die tatsächliche Arbeitszeit, die Sie für einen Teig benötigen, sind jedoch meistens nur 15–30 Minuten. Diese Angabe soll Ihnen dabei helfen, einzuschätzen, wann Sie am besten beginnen. Wenn Sie beispielsweise planen, am nächsten Tag abends ein Brot zu backen, dann können Sie sich ein Rezept auswählen, das ca. 24 Stunden benötigt.

STOCKGARE Die Stockgare ist die erste Gehzeit vom fertig gekneteten Teig bis er in die Endform gebracht wird. Der Teig geht in allen Rezepten mindestens 3 Stunden, da er so bekömmlicher und aromatischer wird und eine gute Triebkraft entwickelt.

STÜCKGARE Die Stückgare ist die zweite Gehzeit vom fertig geformten Teig bis er in den Backofen kommt und somit immer abhängig von der Getreideart, Teig- und Raumtemperatur, daher auch bei jedem Rezept unterschiedlich.

BACKZEIT Bei der Backzeit handelt es sich um die Zeit, die das Brot oder die Brötchen zum Backen benötigen.

VORTEIGE, ZUTATEN UND ZUBEREITUNG

Vorteige werden 2–24 Stunden vor der eigentlichen Zubereitung angesetzt. Es gibt verschiedene Arten von Vorteigen.

VORTEIGE FÜR DEN TRIEB BZW. DIE VERSÄUERUNG Hierbei handelt es sich um Sauerteige oder Hefevorteige, die Zeit zum Reifen brauchen. Hefevorteige werden 3–14 Stunden vorher angesetzt, Sauerteige 8–24 Stunden vor dem Hauptteig. Die Zeiten ändern sich durch höhere oder niedrigere Raumtemperatur. Ist es beispielsweise sehr warm, braucht ein Sauerteig nur 8–10 Stunden, in sehr kühlen Räumen dagegen eher 24 Stunden.

VORTEIGE ZUM VERQUELLEN VON ZUTATEN Diese Teige werden 3–4 Stunden vor dem eigentlichen Hauptteig angesetzt, damit Zutaten wie Schrot, Mehl, Saaten, Nüsse etc. bereits verquellen können und dem Hauptteig keine Flüssigkeit entziehen oder um mehr Flüssigkeit in das Brot zu bringen, damit es nicht zu trocken wird. Dabei handelt es sich um Brühstücke, Quellstücke und Kochstücke. Außerdem gibt es den Autolyseteig, der 30–60 Minuten vor dem Hauptteig gemacht wird. Dabei mischt man das Mehl mit den flüssigen Zutaten, manchmal kommen auch schon Sauerteig oder Hefevorteig dazu. So kann das Mehl vorverquellen, der Teig muss später weniger lang geknetet werden und das Ergebnis wird insgesamt besser.

HAUPTTEIG UND ZUTATEN

Beim Hauptteig erscheinen zuerst die vorher angesetzten Vorteige. Dann werden die Mehlsorten und weitere Zutaten aufgelistet.

MEHL UND GETREIDE Mehltypen können zum Teil ausgetauscht werden, wenn Sie die angegebenen Typen nicht vorrätig haben. Dann muss man allerdings die Flüssigkeit dementsprechend anpassen.

- Weizenmehl Typ 550 sollte wie angegeben genommen werden.
- Weizenmehl Typ 1050 kann aus einer Mischung von Weizenmehl 550 und Weizenvollkornmehl, jeweils zur Hälfte, selbst gemischt werden. Dann wird eventuell etwas mehr Flüssigkeit benötigt.
- Dinkelmehl Typ 630 sollte wie angegeben genommen werden.
- Dinkelmehl Typ 1050 kann mit Dinkelvollkornmehl und Dinkelmehl 630, jeweils zur Hälfte, selbst gemischt werden. Dann benötigt man eventuell auch etwas mehr Flüssigkeit.
- Roggenmehl Typ 1150 können Sie gegen Roggenmehl Typ 997 (dann etwas weniger Flüssigkeit) oder Typ 1370 (dann etwas mehr Flüssigkeit) austauschen.

Es ist besonders als Backanfänger nicht ratsam, die Mehlsorten untereinander auszutauschen, da sich jede Mehlsorte anders verhält und andere Flüssigkeitsmengen oder bestimmte Zutaten benötigt, damit das Brot gelingt.

SCHÜTTFLÜSSIGKEITEN Alle flüssigen Zutaten, außer Öle, werden in Brotteigen als Schüttflüssigkeit bezeichnet. Diese sollten möglichst Raumtemperatur haben.

Viele Rezepte in diesem Buch enthalten Milchprodukte. Ich backe sehr gerne damit, weil die Krume dadurch schön fluffig wird und die Brote einen tollen Geschmack bekommen. Sie können untereinander getauscht werden, z. B. Quark, Joghurt und Schmand in der gleichen Menge – Milch, Buttermilch und Kefir ebenfalls. Wenn Sie ein flüssiges Milchprodukt gegen ein festes tauschen möchten, können Sie weniger davon nehmen und dieses mit Wasser auffüllen. Wenn beispielsweise im Rezept 100 g Buttermilch angegeben sind, nehmen Sie 50 g Joghurt oder Schmand und 50 g Wasser. Man kann natürlich alle Milchprodukte durch milchfreie Sorten wie Sojamilch oder Sojajoghurt ersetzen.

Je nachdem, woher Sie Ihr Mehl beziehen, nimmt es unterschiedliche Flüssigkeitsmengen auf. Mehl aus einer kleinen Mühle bindet u. U. mehr Flüssigkeit als Mehl aus dem Supermarkt. Daher wird bei fast allen Brotrezepten ca. 10 % der Flüssigkeitsmenge erst mal zurückgehalten. Wenn der Teig einige Minuten geknetet wurde, kann diese zurückgehaltene Flüssigkeit schluckweise dazugegeben und mit untergeknetet werden, wenn der Teig so aussieht, als ob er noch Flüssigkeit aufnehmen kann. Dafür bekommen Sie mit der Zeit ein Gefühl. Es ist auch möglich, dass Ihr Mehl mehr Flüssigkeit aufnimmt und Sie etwas mehr Flüssigkeit als angegeben benötigen.

SALZ UND GEWÜRZE Die Salzmenge hängt sehr vom eigenen Geschmack ab. In der Regel werden 10 g Salz pro 500 g Mehl genommen. Je nach Geschmack können Sie diese Menge erhöhen oder auch weniger nehmen. In den meisten Rezepten sind 2–4 g mehr enthalten.

Es gibt spezielle Brotgewürzmischungen oder einzelne Brotgewürze wie Kümmel, Schabzigerklee, Fenchel, Koriander oder Anis. Da können Sie ein wenig experimentieren, was Ihnen am besten schmeckt. Ich verwende nur bei roggenlastigen Broten Schabzigerklee, alle anderen Gewürze sind nicht so mein Geschmack. Jedes beliebige Gewürz kann man aber zu jedem Brotteig dazugeben.

SÜSSUNGSMITTEL Zutaten wie Zuckerrübensirup oder Honig dienen vor allem dem Geschmack, aber auch der Hefe als Nahrung. Sie können jederzeit gegen andere zuckerhaltige Produkte ausgetauscht oder auch einfach weggelassen werden, da die Hefe bei den langen Gehzeiten nicht unbedingt zusätzliche Nahrung benötigt. Ich bevorzuge bei roggenlastigen Teigen Zuckerrübensirup und bei allen anderen Teigen Honig oder Agavendicksaft. Weitere Alternativen sind Birkenzucker, Ahornsirup, weißer Zucker oder Rohrohrzucker.

ZUBEREITUNG

Die Zubereitung des Hauptteiges besteht aus zwei Vorgängen, dem ersten Mischen aller Teigzutaten und dem anschließenden Kneten.

MISCHEN UND KNETEN Der erste Teil der Zubereitung besteht aus dem Mischen der Zutaten. Die im Rezept angegebene Mischzeit ist die von einer Knetmaschine benötigte Zeit. Wenn Sie die Teigzutaten von Hand mischen, sollte diese Zeit verdoppelt werden.

In diesem ersten Schritt gibt es bei einigen Rezepten den Autolyseteig. Er wird in einem späteren Kapitel genauer erklärt. Bei der Autolyse werden Mehl und Flüssigkeit vermischt und 30–60 Minuten im Topf stehen gelassen, damit das Mehl vorverquellen kann. Manchmal kommen hier schon der Sauerteig und Hefevorteig dazu, wenn die Flüssigkeit im Hauptrezept dafür nicht ausreicht.

Nach dem Mischen beginnt das Kneten. Dazu wird die Maschine auf eine höhere Drehzahl eingestellt. Beachten Sie hier bitte immer die Gebrauchsanleitung für Ihre Maschine. In der Regel wird die höchstmögliche Knetstufe für Hefeteige genommen.

DEHNEN UND FALTEN NACH DEM KNETEN

1. Den Teig von der oberen Seite hochziehen und über den restlichen Teig legen.
2. Die Schüssel wird um eine Viertel Drehung gedreht, der Teig wieder von der oberen Seite hochgezogen und über den restlichen Teig gelegt.
3. Die Schüssel wird um eine Viertel Drehung gedreht, der Teig wieder von der oberen Seite hochgezogen und über den restlichen Teig gelegt.
4. Die Schüssel wird um eine Viertel Drehung gedreht, der Teig wieder von der oberen Seite hochgezogen und über den restlichen Teig gelegt.
5. Den fertig gefalteten Teigling umdrehen.

Je nachdem, welche Mehlsorten im Teig überwiegen, gibt es Unterschiede beim Kneten des Teiges:

- Weizenlastige Teige werden lange und gründlich geknetet, damit sie ein Glutengerüst aufbauen können. Je nach Knetmaschine löst sich der Teig dann vom Schüsselrand, wenn er ausgeknetet ist.
- Roggenlastige Teige sollen nur vermischt werden, da sie kein Glutengerüst aufbauen. Hier wird auch beim Kneten nur eine niedrige Stufe eingestellt.
- Dinkellastige Teige werden nur auf niedriger Stufe und ganz kurz auf höherer Stufe geknetet, da sie schnell überknetet sind. Wenn das passiert, wird der Teig weich und inhomogen und lässt sich nur noch schwer formen.
- Vollkornteige werden je nach Sorte eher auf niedriger Stufe und lange geknetet.

STOCKGARE Nach dem Kneten kommt der Teig in den meisten Rezepten in eine leicht ausgeölte Schüssel. Dazu geben Sie ganz wenig Öl in die Schüssel und verreiben dieses am besten mit einem Kuchenpinsel. Das bewirkt, dass der Teig später nicht so sehr an der Schüssel klebt.

Dort wird er gedehnt und gefaltet (siehe Fotos Seite 25). So können die im Teig entstandenen Gärgase entweichen, der Teig wird belüftet und neuer Sauerstoff eingearbeitet. Das Dehnen und Falten gibt dem Teig Struktur, und wenn alles richtig gemacht wird, eine Oberflächenspannung.

Den Teig zieht man dazu mit nassen Händen nach oben und legt ihn zur Mitte hin über den restlichen Teig. Dann wird die Schüssel um eine Vierteldrehung gedreht und das Dehnen und Falten wiederholt, bis der komplette Teig einmal rundum gefaltet wurde. Danach dreht man den ganzen Teigling um, sodass die gefaltete Seite unten liegt. Festere Teige und roggenlastige Teige werden dabei mehr gefaltet als gedehnt.

Die Stockgare ist die erste Gehzeit des fertig gekneteten Teiges. Der Teig wird abgedeckt, dabei sind Schüsseln mit Deckel sehr praktisch. Sie können den Teig auch mit einem Küchenhandtuch abdecken. Bei allen Rezepten in diesem Buch geht der Teig mindestens 3 Stunden. Das hat den einfachen Grund, dass er dadurch bekömmlicher wird, weil sich bestimmte Zuckermoleküle, die im Mehl enthalten sind, weitgehend abbauen. Außerdem entwickelt der Teig in dieser Zeit ganz viel Aroma und bekommt eine gute Triebkraft. Wenn Sie während der Stockgare kurz Zeit haben, können Sie den Teig nach 1 und 2 Stunden nochmal wie zuvor dehnen und falten, das ist aber nicht zwingend nötig. Man muss die Zeiten nicht ganz genau einhalten, der Teig kann auch mal länger als 3 Stunden stehen bleiben oder auch nur einmal zwischendrin gefaltet werden.

Falls es besser in Ihren Tagesrhythmus passt, können Sie den Teig nach 1 Stunde Gehzeit in den Kühlschrank stellen und dort problemlos bis zu 24 Stunden stehen lassen. Der Teig wird in diesem Fall 2 Stunden vor der Weiterverarbeitung zur Akklimatisierung wieder aus dem Kühlschrank genommen.

FORMEN Der Teig wird bei fast allen Rezepten nach der Stockgare nochmal gedehnt, gefaltet und rundgewirkt. Danach kann der Teig mit verschiedenen Techniken geformt werden. Bei weizen- und dinkellastigen Teigen ist es immer wichtig, den Teig straff zu formen, damit er eine Oberflächenspannung bekommt.

RUNDWIRKEN EINES Teiglings, um ihn in Form zu bringen.

1

2

3

REISSVERSCHLUSSTECHNIK TEIL 1

1–3 Ausgangspunkt ist wieder der umgedrehte Teigling. Dieser wird im Wechsel von den Seiten zur Mitte hin gefaltet.

4 So sieht der Teig fertig gefaltet aus.

RUNDWIRKEN Hierbei handelt es sich um die Technik, die Sie schon kennen. Der Teig wird nochmal rundum zur Mitte hin gefaltet und dann umgedreht, anschließend mit den flachen Händen auf der Arbeitsfläche gedreht und etwas über die Arbeitsfläche gezogen, damit er seine runde Form bekommt und sich die Nahtstellen an der Unterseite noch etwas schließen.

Anschließend kann der Teig zum weiteren Gehen in einen runden Gärkorb gegeben oder auf der Arbeitsfläche abgedeckt liegen gelassen werden. Wird das Brot später vor dem Backen eingeschnitten, muss die Nahtseite im Gärkorb oben liegen. Ist die Nahtstelle unten im Korb, reißt das Brot im Backofen von alleine auf und wird nicht eingeschnitten.

4

RUNDWIRKEN MIT DER REISSVERSCHLUSSTECHNIK Eine weitere Technik beim Rundwirken ist die Reißverschlusstechnik (siehe Fotos Seite 27 und 28). Dazu wird der Teigling nach der Stockgare auf die bemehlte Arbeitsfläche gegeben, zu einem länglichen Fladen gedrückt sowie gedehnt und dann im Wechsel links und rechts zur Mitte hin gefaltet.

Anschließend wird das untere Drittel vom Teig zur Mitte hin gefaltet und das obere darübergelegt.

Der Teigling wird umgedreht und wie beim Rundwirken mit den flachen Händen rundgeformt. Diese Technik eignet sich besonders gut für weichere Teige.

LANGWIRKEN DURCH FALTEN Um einen länglichen Teigling zu bekommen, wird der zuvor rundgewirkte Teigling umgedreht und etwas flach gedrückt oder der ganze Teig einfach zu einem Fladen gedrückt und gezogen. Die einfachste Technik ist das Falten der Ober- und Unterseite zur Mitte hin. Anschließend wird der Teigling entlang der Arbeitsunterlage gerollt und kann entweder in einen länglichen Gärkorb gelegt oder auf der Arbeitsfläche abgedeckt liegen gelassen werden.

LANGWIRKEN DURCH AUFROLLEN Eine weitere Möglichkeit ist das Aufrollen des Teiglings. Dazu wird der rundgewirkte Teigling umgedreht und zu einem länglichen

REISSVERSCHLUSSTECHNIK TEIL 2

1. Die untere Seite wird zur Mitte hin gefaltet.
2. Die obere Seite wird zur Mitte hin gefaltet …
3. … und über die untere Seite gelegt.
4. Der Teigling wird umgedreht und mit den Handinnenflächen rundgewirkt.

Fladen gedrückt und gezogen. Dieser kann dann von der schmalen oder langen Seite her aufgerollt und wieder in einen länglichen Gärkorb gelegt oder auf der Arbeitsfläche liegen gelassen werden.

Falls Sie keinen Gärkorb haben, können Sie eine Schüssel oder ein Sieb nehmen und mit einem Küchenhandtuch auslegen.

Zum Ausmehlen der Gärkörbe und zum Formen der Teiglinge benutze ich nur Dunst. Dabei handelt es sich um etwas gröberes Mehl, das sich nicht mit dem Teigling verbindet. So klebt der Teigling weniger im Gärkorb oder auf der Arbeitsfläche. Gute Alternativen sind Roggenmehl oder Reis- und Maismehl. Für weichere Teige gibt es Stoffeinlagen in allen Größen, die in die Gärkörbe eingelegt werden. Diese benutze ich gerne, wenn der Teig über Nacht im Gärkorb bleibt oder sehr weich ist. Außerdem gibt es für alle Gärkorbgrößen Plastiküberzüge mit Gummi, mit denen der Korb abgedeckt werden kann.

STÜCKGARE Sobald der Teig geformt ist, beginnt die Stückgare. Bei den meisten Teigen dauert diese 45–60 Minuten. Sie kann jedoch, vor allem bei roggenlastigen Broten und Vollkornteigen, auch mal 3–4 Stunden dauern. Die Angaben in den Rezepten sind unge-

LANGWIRKEN DES TEIGLINGS

1. Die obere Seite wird zur Mitte hin gefaltet.
2. Die untere Seite wird hochgezogen …
3. … und ebenfalls zur Mitte hin gefaltet.
4. Anschließend wird der Teigling auf der Arbeitsfläche noch etwas runder gerollt.
5. Langgewirkter Teigling.

fähre Werte. Wie schnell ein Teig reift, hängt von der Raum- und Teigtemperatur, der Luftfeuchtigkeit und bei Sauerteigbroten von der Triebkraft des Sauerteiges ab. Daher ist es gar nicht so einfach, den richtigen Zeitpunkt zum Einschieben in den Ofen herauszufinden. Bei starken Abweichungen einer durchschnittlichen Raumtemperatur (ca. 21 °C) verändern sich die Garzeiten. Man rechnet ungefähr pro 5 °C mehr oder weniger eine Halbierung bzw. Verdoppelung der Gehzeit. Beispielsweise halbiert eine Temperatur von 27–28 °C die Stückgare, eine Temperatur von 15 °C würde sie verdoppeln.

GAREZUSTAND Beim Brotbacken unterscheidet man drei Garezustände:

- **UNTERGARE**, der Teig hat noch nicht genug an Volumen zugenommen. Wenn er jetzt gebacken wird, wird das Brot kompakt und reißt unkontrolliert auf.
- **ÜBERGARE**, der Teig wird instabil und fällt schnell zusammen. Im Backofen vergrößert er sich oder fällt zusammen, wird kompakt und trocken. Beim Stürzen aus dem Gärkorb läuft der Teig auseinander. Ein Einschneiden ist kaum möglich.
- **VOLLGARE**, die Vollgare ist der ideale Zeitpunkt zum Einschießen des Teiglings. Er liegt genau zwischen der Untergare und der Übergare. Der Teig ist noch stabil und behält beim Stürzen aus dem Gärkorb seine Form. Er kann gut eingeschnitten werden.

❶ Mit dem Fingertest kann überprüft werden, ob der Teig bereit ist für den Backofen.

❷ Bleiben die Löcher beim Fingertest und füllen sich nur langsam auf, ist es Zeit für den Backofen.

FINGERTEST Es gibt ein einfaches Hilfsmittel, um den richtigen Garezustand selbst festzustellen. Die Teigoberfläche wird mit dem Zeigefinger sanft, aber entschieden ca. 1–2 cm eingedrückt. Fühlt der Teig sich fest an und springt sofort in seinen vorherigen Zustand zurück, braucht er noch etwas Zeit. Fühlt der Teig sich schon etwas fluffiger an, springt aber immer noch schnell in seine Form zurück, braucht er immer noch ein wenig. Wenn Sie ihn jetzt in den Backofen schieben, würden die Einschnitte bzw. die Faltkanten weit aufspringen. Sobald der Teig die Delle von Ihrem Zeigefinger behält und erst langsam wieder auffüllt, ist er genau richtig zum Backen. Mit ein wenig Übung und Routine bekommen Sie das hin.

Zwischen Untergare und Vollgare können je nach Raumtemperatur manchmal nur 10 Minuten liegen. Daher sollten Sie besser in kurzen Abständen kontrollieren, wie reif Ihr Teig ist und immer daran denken, den Backofen rechtzeitig vorzuheizen.

BACKEN

Für gute Backergebnisse sollten Sie ein Backblech mit aufheizen, sofern Sie keinen Backstein oder Backstahl haben. Das Backblech wird heiß aus dem Ofen geholt und der Teigling vorsichtig aus dem Gärkorb daraufgestürzt. Damit er nicht unkontrolliert aus dem Gärkorb fällt, können Sie ihn mit Ihren Fingern beim Fallen etwas abbremsen. Das überschüssige Mehl kann mit einer weichen Bürste vorsichtig abgebürstet werden. Liegt der Teig mit der Faltseite nach oben auf dem Blech, reißt er von alleine an den Faltnähten auf und muss nicht eingeschnitten werden. Liegt er mit der Faltseite nach unten, wird er eingeschnitten, sonst würde er unkontrolliert irgendwo an der Oberfläche des Teiges aufreißen. Auf das Backblech können Sie Backpapier oder Dauerbackfolie legen, dann haben Sie mit dem Reinigen weniger Arbeit.

EINSCHNEIDEN Zum Einschneiden des Teiglings gibt es spezielle Messer, die sehr scharf sind. Alternativ können Sie z. B. eine Rasierklinge nehmen. Das Einschneiden sollte schnell und mit Schwung erfolgen. Viele kleine Schnitte können eher oberflächlich sein. Möchten Sie nur 1–2 Schnitte, sollten diese etwas tiefer gehen. Ich zeige ihnen bei den Rezepten im Buch verschiedene „Schnittmuster“. Sie können aber auch einfach drauflosschneiden und ausprobieren, was Ihnen gefällt.

STÜRZEN eines Teiglings auf einen Einschießer.

EINSCHNEIDEN des Teiglings.

EINSCHNEIDEN von Brötchen.

BACKTEMPERATUR UND -ZEIT Backöfen funktionieren leider alle sehr unterschiedlich. Manche erreichen die eingestellten Temperaturen überhaupt nicht, andere heizen heißer als eingestellt. Daher hilft es am Anfang, darauf zu achten, wann Ihr Brot beginnt sich braun zu färben. Das ist der richtige Zeitpunkt zum Herunterschalten der Temperatur.

Alle Teiglinge kann man bei möglichst hoher Temperatur anbacken. In der Regel sind das bei Haushaltsbacköfen 240–300 °C. Brote werden bei der höchsten Temperatur ca. 10–20 Minuten gebacken und weitere 30–40 Minuten bei ca. 200–220 °C, Brötchen ebenfalls bei der möglichst höchsten Temperatur für 10 Minuten und weitere 5–10 Minuten bei 200–220 °C. Brote kann man mit Ober- und Unterhitze backen, Brötchen sowohl mit Ober- und Unterhitze als auch mit Umluft.

Wenn Sie ein Brotrezept verdoppeln, verlängert sich die Backzeit um ca. 10–15 Minuten. Wenn Sie nur die Hälfte vom Teig nehmen, reduziert sie sich um ca. 10 Minuten. Im Zweifel können Sie von unten gegen die Brotkruste klopfen. Wenn es sich hohl anhört, ist es fertig.

MIT EINEM weichen Besen kann überschüssiges Mehl von der Teigoberfläche abgefegt werden.

DAS SCHWADEN Damit Ihre Brote und vor allem die Brötchen knusprig werden und im Backofen schön aufgehen, brauchen Sie direkt beim Einschießen in den Backofen Wasserdampf. Dafür gibt es unterschiedliche Methoden. Ich rate Ihnen davon ab, einfach eine kleine Tasse Wasser auf den Boden des Backofens zu schütten. Damit riskieren Sie, dass der Backofenboden rostet, mit der Zeit dünner wird und irgendwann ein Loch bekommt.

- **SPRÜHFLASCHE**, der Backofen und der oder die Teiglinge werden mit einer Sprühflasche eingesprüht, bis im Backofen ordentlich Dampf entsteht. Dann schließt man den Backofen sofort. Das hat bei kalkhaltigem Wasser den Nachteil, dass der Ofen schnell unschön aussieht.
- **METALLBEHÄLTER MIT EDELSTAHLSCHRAUBEN**, dafür nehmen Sie eine kleine Metall-Auflaufform oder eine Nierenschale und füllen diese ungefähr zur Hälfte mit Edelstahlschrauben. Die Form bleibt im Backofen und wird mit aufgeheizt. Beim Einschießen des Brotteiges kann entweder mit einer Sprühflasche oder mit einer großen Spritze Wasser (ca. 50 ml) in diese Schale gespritzt werden. Durch die Schrauben verdampft es nicht sofort, sondern erst nach und nach.
- **SCHWADOMAT**, der Schwadomat (siehe Seite 20) ist ein länglicher Edelstahlkasten mit kleinen Löchern. Er kann seitlich in der Leiste des Backofens eingehängt oder unten auf den Boden gestellt werden. Dazu passend wird eine große Spritze mit einer Verlängerung geliefert, mit der man das Wasser in den Schwadomat spritzt. Das Wasser wird in Form eines sehr feinen Wassernebels in den Backofen abgegeben. Ich finde diese Methode am besten und am einfachsten.

Der Dampf wird bei Broten nach 10–15 Minuten, bei Brötchen nach 10 Minuten abgelassen, indem die Backofentür für einige Sekunden geöffnet wird.

Damit sind die wichtigsten Schritte erklärt. Jetzt können Sie loslegen und Ihren ersten Teig ansetzen.

GRUNDBEGRIFFE AUS DEM BÄCKERHANDWERK

DAS WICHTIGSTE SCHNELL ERKLÄRT

Es gibt in Brotrezepten, Backbüchern oder Backforen immer wieder vorkommende typische Bäckerbegriffe, die Sie nicht unbedingt verstehen, wenn Sie deren Bedeutung nicht kennen. Bei der folgenden Übersicht sind lediglich die wichtigsten Begriffe kurz erklärt, sie ist bei Weitem nicht vollständig. Viele der Begriffe werden in den einzelnen Kapiteln nochmal ausführlicher erklärt.

ABSTREICHEN

Teiglinge werden oft vor dem Einschießen oder nach dem Backen mit einem großen Pinsel und Flüssigkeit abgestrichen. Dazu können verschiedene Flüssigkeiten genommen werden, z. B. Sahne, Wasser, Milch, Bier, Stärkemischung oder Ei. So bekommt das fertige Brot eine glänzende Kruste.

ALTBROT

In Rezepten ist oft von Altbrot die Rede. Dabei kann es sich um gemahlenes, manchmal geröstetes Altbrot, also Semmelbrösel, handeln oder um getrocknete Brotstücke, die eingeweicht werden. Mit dieser Methode wird das Brot aromatischer und hält länger frisch.

ANBACKEN

So bezeichnen Bäcker die anfängliche Backzeit bei hoher Temperatur.

ANSTELLGUT (ASG)

Anstellgut ist der Teil vom Sauerteig, der im Kühlschrank ruht und immer wieder zum Neuansetzen eines Sauerteiges genommen wird.

AUFFRISCHEN

Sauerteige, die im Kühlschrank ruhen, sollten nach einer gewissen Zeit gefüttert werden, wenn man sie länger nicht benutzt. Diesen Vorgang bezeichnen Bäcker als Auffrischen des Sauerteiges.

AUFARBEITEN

Wenn in Rezepten vom Aufarbeiten des Teiges die Rede ist, meint man damit das Formen des Teiglings.

AUSBUND

Der Ausbund ist die Stelle an der Kruste, an der das Brot entweder zufällig oder gewollt, bespielsweise durch vorheriges Einschneiden, aufreißt.

AUTOLYSE

Der Autolyseteig ist ein Vorteig aus Mehl und Flüssigkeit. Er wird zum Quellen 30–60 Minuten stehen gelassen. So verbinden sich die Glutenstränge aus dem Mehl besser. Geschmack, Volumen und Kruste werden verbessert und der Teig muss später weniger lange geknetet werden.

BACKMALZ

Malzmehle in Form von Backmalz verbessern die Kruste und die Krume (siehe unten) bei Brot und Brötchen. Es gibt zwei Arten von Backmalz, enzymaktives und nicht-enzymaktives. Nicht-enzymaktives Backmalz kann leicht selbst hergestellt werden und man verwendet es vor allem für roggenlastige Brote. Es bewirkt eine dunklere Färbung und verbessert den Geschmack. Enzymaktives Backmalz verbessert zusätzlich die Kruste und die Triebfähigkeit und wird für weizenlastige Teige verwendet.

BIGA

Biga ist ein typisch italienischer fester Hefevorteig, der z. B. für Ciabatta oder Pizza genommen wird. Brotbäcker benutzen ihn auch für Brötchen und Brot, weil dadurch Teige aromatischer werden und länger frisch bleiben.

BRÜHSTÜCK

Damit Saaten oder Schrot dem Teig keine Feuchtigkeit entziehen, werden diese vorher mit heißem oder kochendem Wasser übergossen und eingeweicht.

DEHNEN & FALTEN

Die meisten Teige werden vor der endgültigen Fertigstellung gedehnt und gefaltet, in der Regel nach Fertigstellung des Teiges und oft noch einige Male während der Gehzeit. In manchen Rezepten ist auch von stretch & fold die Rede.

EINSCHIESSEN

Das Einbringen des Teiglings in den Backofen nennen Bäcker einschießen oder einschieben. Der Begriff stammt vom Einschießer, einem großen dünnen Holzbrett, mit dem die Teiglinge in den Ofen geschoben werden.

FLUFFIGE KRUME

Fluffig ist das Innere vom Brot, wenn es locker, luftig und wattig ist.

FREIGESCHOBEN

Brote werden freigeschoben, wenn man sie ohne Form im Backofen backt.

GARE

Die Gare ist die Zeit zwischen der Teigherstellung und dem Backen des Teiglings. Dabei wird die Stockgare, die Gehzeit vom noch nicht geformten Teig, und die Stückgare, die Gehzeit vom geformten Teig, unterschieden.

GLANZSTREICHE

Mit der Glanzstreiche wird die Außenseite des Teiglings eingestrichen, damit die Kruste nach dem Backen glänzend wird. Sie besteht in der Regel aus Stärke und Wasser.

KERNTEMPERATUR

Anhand der Kerntemperatur kann festgestellt werden, wann ein Brot fertig gebacken ist. Dazu wird ein langes Thermometer in die Mitte des Brotes gestochen. Die Kerntemperatur liegt beim fertigen Brot zwischen 95 und 98 °C. Ich finde es allerdings völlig ausreichend, einen Klopftest an der Unterseite zu machen. Wenn es beim Klopfen gegen die Unterseite hohl klingt, ist das Brot fertig gebacken.

KRUME

Das weiche Innere von Broten oder Brötchen nennt man in der Bäckersprache Krume.

KRUSTE

Die Kruste ist die komplette Oberfläche von Broten oder Brötchen, also quasi die feste Außenhaut.

LANGWIRKEN

Damit ein Teigling eine längliche Form bekommt, wird er länglich geformt, also langgewirkt.

OFENTRIEB

Bei den meisten Teiglingen nimmt das Volumen zu Beginn des Backprozesses zu, was als Ofentrieb bezeichnet wird.

PÂTE FERMENTÉE

Dieser Vorteig ist ein alter bzw. gereifter Teig, den man von einem fertigen Teig abnimmt und aufbewahrt, um ihn dann einem neuen Teig hinzuzufügen. Solche Teige können lange im Kühlschrank aufbewahrt und sogar gefüttert werden, damit sie aktiv bleiben. In Rezepten ist meistens von Altteig oder altem Teig die Rede. Am besten eignen sich dafür einfache Teige mit Mehl, Wasser, Hefe und Salz. Durch Altteig werden die Kruste und die Krume verbessert und das Brot aromatischer. Diese Art Teig kann auch frisch angesetzt und 48 Stunden kühl gestellt werden.

POOLISH

Poolish wird der normale Hefevorteig genannt, der in vielen Rezepten enthalten ist. Dazu vermischt man Mehl und Wasser im gleichen Verhältnis mit etwas Hefe zu einem Vorteig und lässt diesen einige Stunden stehen. Poolisch verbessert die Krume, die Kruste und die Frischhaltung beim Brot und vermindert die nötige Hefemenge. In Rezepten wird Poolish meistens als Hefevorteig bezeichnet.

PORUNG

Wenn von Porung die Rede ist, sind die Löcher in der Krume gemeint, die durch die Gase der Triebmittel entstehen.

QUELLEN

Mehl, Getreide oder Saaten können mit Flüssigkeit vermischt werden, damit sie vor dem Verkneten aufquellen und dem Teig später weniger Feuchtigkeit entziehen.

QUELLSTÜCK

Ein Quellstück ist ähnlich wie ein Brühstück, nur wird hier kalte Flüssigkeit verwendet.

RÖSCHE

Bei einer röschen Kruste handelt es sich um eine knusprige Kruste, die beim Backen vor allem durch das Schwaden entsteht.

RUNDWIRKEN

Durch das Rundwirken wird dem Teig eine Form gegeben. Man faltet den Teigling rundum nach innen zur Mitte hin, dreht ihn um und wirkt ihn dann mit den Händen rund, um eine runde Form zu bekommen.

SCHLEIFEN

Schleifen ist vor allem bei Brötchenteiglingen wichtig. Diese werden in der Regel erst rundgewirkt und dann geschliffen, egal welche Endform sie später bekommen, indem man den runden Teigling in der hohlen Hand im Kreis auf der Arbeitsfläche immer in die gleiche Richtung dreht. Das geht am besten mit möglichst wenig Mehl. Danach lässt man den Teigling noch ein wenig gehen und formt dann erst die Endform, sofern diese nicht rund ist.

SCHLUSS

Mit dem Schluss ist die Naht des Brotes gemeint, die beim Formen entsteht. In Rezepten kommen dann Begriffe wie „mit dem Schluss nach unten“ vor, was bedeutet, dass man die Nahtstelle nach unten oder „mit dem Schluss nach oben“, also die Nahtstelle nach oben macht. Das ist wichtig, wenn der Teigling im Gärkorb geht. Möchte man ihn später vor dem Backen einschneiden, kommt der Teigling mit dem Schluss nach oben in den Gärkorb. Sollte er rustikal aufreißen, kommt er mit dem Schluss nach unten in den Gärkorb. Dann reißt er von alleine beim Backen an den Nahtstellen ein.

SCHÜTTFLÜSSIGKEIT

Hierbei handelt es sich um die Flüssigkeit, die in den Teig kommt, das kann Wasser, Milch, Buttermilch, Öl, Joghurt, Tee, Bier, Kaffee u. a. sein.

SCHWADEN

Schwaden beim Einschießen des Teiglings bedeutet, Wasser in den heißen Ofen zu geben, damit Wasserdampf entsteht. Das ist sowohl für das Aufgehen des Teiges als auch für die Kruste wichtig.

STAUBEN ODER ABSTAUBEN

Den Teigling oder die Arbeitsfläche mit Mehl bestäuben.

TEIGAUSBEUTE (TA)

Die Teigausbeute (TA), die oft in Rezepten angegeben ist, zeigt an, in welchem Verhältnis Mehl und Schüttflüssigkeit im Teig enthalten sind. Wenn z. B. eine TA von 160 angegeben ist, bedeutet das, dass auf 100 g Mehl eine Flüssigkeitsmenge von 60 g kommt. Je höher die TA ist, umso weicher wird der Teig und umso mehr Erfahrung braucht man, um ihn verarbeiten zu können.

TEIGLINGE

Teiglinge sind die bereits geformten, noch ungebackenen Teigstücke.

TEIGRUHE

Hierbei handelt es sich um die Zeit, in der der Teig geht und sich das Volumen vergrößert (siehe auch Gare).

ÜBERGARE

Der Teig benötigt eine gewisse Zeit, um die richtige Gare zum Einschießen zu bekommen. Wenn er zu lange geht, wird er instabil und kann komplett zusammenfallen, dabei spricht man von Übergare. Das Teigvolumen vergrößert sich beim Backen nicht mehr und das Brot wird kompakt und trocken.

UNTERGARE

Untergare hat ein Teig, wenn er nicht lange genug gegangen ist, bevor man ihn in den Backofen einschiebt. Das Brot wird dann kompakt und bekommt eine feste Krume.

VOLLGARE

Die Vollgare ist genau der richtige Zeitpunkt, um ein Brot einzuschießen und liegt zwischen Unter- und Übergare. Der Teigling ist noch stabil und behält seine Form weitgehend, wenn er aus dem Gärkorb gestürzt wird.

KEEP IT SIMPLE – BROT BACKEN MIT HEFE

BACKEN MIT HEFE

Um ein gutes Brot zu backen, benötigt man eigentlich nur ein paar Zutaten: Mehl, Wasser, Salz und etwas Hefe. Hefen sind einzellige Pilze, die in ihrer Wildform überall in der Natur vorkommen. Das kann zum Ansetzen von eigenem Hefewasser, also wilder Hefe, genutzt werden, worauf wir in einem späteren Kapitel zurückkommen (Seite 131).

HEFEARTEN

Im Handel werden zwei unterschiedliche Arten von Hefe angeboten, die sich in der Herstellung grundsätzlich unterscheiden. Die bei der Zuckergewinnung als Abfallprodukt anfallende Melasse dient als Nährboden für die Züchtung von **konventioneller Hefe**. Das alleine reicht aber nicht aus. Es müssen synthetische Stoffe wie Stickstoff, Entschäumungsmittel und Mineralstoffe zugeführt werden. Da man diese Hefe bei der Herstellung zweimal wäscht, fällt dabei schwer abbaubares Abwasser an. Hefe, wie wir sie kennen, ist also synthetisch hergestellt und hat durch ihre Herstellungsweise nicht gerade eine gute Ökobilanz. Bei der Produktion von **Biohefe** sind diese ganzen Mittel nicht nötig. Auch wenn ich wenig Hefe benötige, bevorzuge ich daher Biohefe.

HEFEMENGE

Die gängige Hefemenge, die man in so gut wie jedem Back- oder Kochbuch findet, ist 42 g, also ein ganzer Würfel, auf 500 g Mehl. Viele Hobbybäcker und zunehmend auch Bäcker backen heute jedoch mit einem Bruchteil davon. Durch Vorteige und lange Gehzeiten lässt sich die Hefemenge auf 1–3 g pro 500 g Mehl reduzieren. Dadurch wird das Brot bekömmlicher und aromatischer und hat vor allem am Ende nicht den typischen Hefegeschmack, den man bei Brot ja eigentlich auch nicht möchte. Selbst Hefekuchen und Hefezöpfe lassen sich auf diese Weise backen. Als Folge der langen Gare bleiben Hefebrote auch länger frisch. Schnell gebackene Brote mit viel Hefe schmecken meistens frisch noch ganz gut, aber spätestens am nächsten Tag nicht mehr.

FRISCH, GETROCKNET ODER EINGEFROREN

Hefe gibt es als frische Hefe in Blöcken oder als Trockenhefe zu kaufen. Ich bevorzuge beim Backen frische Hefe. Wenn Sie Trockenhefe verwenden möchten, muss die Hefemenge durch 3 geteilt werden. 1 g Trockenhefe entspricht also 3 g Frischhefe.

Da ich sehr wenig Hefe verwende, kaufe ich immer einige Würfel, zerkleinere diese in 1–3 g Stücke und friere sie so ein. Ganz frische Hefe hält nicht länger als 2–3 Wochen. Wenn sie doch im Kühlschrank aufbewahrt werden soll, gibt man am besten den ganzen Würfel ohne das Papier in ein kleines Schraub- oder Weckglas.

HEFEVORTEIGE

Es gibt verschiedene Hefevorteige. Allen gemeinsam ist, dass mit diesen Vorteigen die fertigen Backwaren länger frisch bleiben und aromatischer werden. Außerdem bewirken solche Vorteige, dass man wesentlich weniger Hefe benötigt. Die verschiedenen Hefevorteige unterscheiden sich vor allem in der Festigkeit und der Gehzeit.

FRISCHE HEFE, Trockenhefe, Hefevorteig (von links nach rechts).

POOLISH Beim Poolish handelt es sich um den üblichen Hefevorteig, der in den meisten Rezepten vorkommt. Dazu vermischt man Mehl mit der gleichen Menge Wasser und etwas Hefe und lässt alles bei Raumtemperatur oder auch gekühlt 4–18 Stunden gehen. Durch einen Poolish werden die Kruste, die Krume und das Brotaroma verbessert und das Brot hält nach dem Backen länger frisch.

BIGA Biga ist ein relativ fester Hefevorteig, der v. a. in Italien für Ciabatta und Pizza genommen wird, aber auch für Brote und Brötchen. Die fertigen Backwaren bekommen dadurch mehr Aroma und bleiben länger frisch. Für Biga verwendet man Wasser und Mehl im Verhältnis 1 : 2 und 1 % Hefe, z. B. 50 ml Wasser, 100 g Mehl und 1 g frische Hefe.

PÂTE FERMENTÉE Diesen fester geführten Vorteig setzt man mit Mehl, Wasser, Hefe und Salz an und lagert ihn nach einer kurzen Gehzeit mindestens 48 Stunden im Kühlschrank. Der Teigmenge kann 10–20 % davon zugegeben werden. Durch Pâte fermentée wird die Krume elastischer, aromatischer und fluffiger und die Kruste sehr feinsplitterig. Pâte fermentée kann auch ein Altteig sein, also ein Teig, den man von einem fertig zubereiteten Brotteig abnimmt und im Kühlschrank bis zu eine Woche lagert. In Rezepten wird dann oft von Altteig gesprochen. Solche Altteige kann man sogar, ähnlich wie Sauerteige, weiterfüttern und aufbewahren. Frisch wird der Teig mit Wasser und Mehl im Verhältnis 2 : 3 und je 1 % Hefe und Salz angesetzt, z. B. 100 ml Wasser, 150 g Mehl, 1,5 g frische Hefe und 1,5 g Salz.

SALZ-HEFE-VERFAHREN Diesen Vorteig verwendet man v. a. bei weizenlastigen Teigen, um einen stabilen und gut formbaren Teig zu bekommen. Außerdem bleibt der gebackene Teig länger frisch und wird aromatischer. Man mischt dazu die komplette Salzmenge für den Teig mit der 10-fachen Wassermenge und der kompletten Hefe und stellt dieses Wasser 1–4 Tage kühl. Bei 500 g Mehl nimmt man z. B. 100 ml Wasser, 10 g Salz und 3 g frische Hefe.

WEIZEN-BUTTERMILCH-KRUSTE

Das erste Rezept ist ein einfaches Weizenbrot. Ich verwende in vielen Rezepten gerne Buttermilch oder andere Milchprodukte, da die Krume, also das Innere des Brotes, damit besonders flaumig wird, das Brot mehr Volumen bekommt, länger frisch hält und aromatischer wird. Der Vorteig kann bereits bis zu 12 Stunden vorher angesetzt werden, wenn es so zeitlich besser passt.

Zubereitungszeit: 9–17 Sunden
Stockgare: 3 Stunden
Stückgare: 60–90 Minuten
Backzeit: 45–50 Minuten

ZUTATEN FÜR 1 BROT, ca. 750 g

Hefevorteig
100 g Weizenmehl 550
100 g Wasser
1 g frische Hefe

Hauptteig
Hefevorteig
200 g Weizenmehl 550
200 g Weizenmehl 1050
220 g Buttermilch
2 g frische Hefe
1 TL Honig, alternativ anderes Süßungsmittel
10 g Salz

HEFEVORTEIG

Die Hefe im Wasser auflösen und das Mehl untermischen. Den Teig 4–12 Stunden bei Raumtemperatur gehen lassen.

HAUPTTEIG

MISCHEN UND KNETEN Hefevorteig sowie alle weiteren Zutaten für den Hauptteig, außer 30 g Buttermilch, in die Schüssel der Knetmaschine geben und auf der kleinsten Stufe 1 Minute mischen. Auf der höchsten Stufe für Hefeteig 12 Minuten kneten, bis sich der Teig vom Schüsselrand löst. Nach 4–5 Minuten eventuell die restliche Buttermilch schluckweise dazugeben und mit unterkneten, sobald sich der Teig vom Schüsselrand löst. Nach jedem Schluck warten, bis sich der Teig wieder vom Schüsselrand löst, erst dann nochmal einen Schluck Buttermilch dazugeben.

STOCKGARE Den Teig in eine leicht geölte Schüssel mit Deckel geben und rundum einmal von außen zur Mitte hin falten. Den Teig umdrehen und abgedeckt 3 Stunden gehen lassen. Zwischendurch nach 1 und 2 Stunden nochmal rundum falten und wieder umdrehen.

FORMEN Den Teig auf eine leicht bemehlte Unterlage geben und nochmal vorsichtig ohne viel Druck rundum zur Mitte hin falten und umdrehen. Den Teig 10 Minuten abgedeckt ruhen lassen. Wieder umdrehen und langwirken. Mit dem Schluss nach oben in einen bemehlten Gärkorb legen.

STÜCKGARE Den Teig abgedeckt 60–90 Minuten gehen lassen. Nach 60 Minuten die Fingerprobe machen.

BACKEN

Den Backofen auf 250 °C Ober- und Unterhitze vorheizen, ein Backblech mit aufheizen. Dieses aus dem Backofen nehmen und den Teigling aus dem Gärkorb auf das Blech stürzen, einschneiden und mit dem Backblech in den Backofen schieben. Backofen mit ordentlich Dampf beschwaden und sofort die Tür verschließen. Nach 15 Minuten den Dampf ablassen und den Backofen auf 200 °C herunterschalten. Weitere 30–35 Minuten backen.

MISCHBROT „ALL-IN-ONE“

Typisch für alle „All-in-One“-Rezepte ist, dass alle Zutaten in einem verknetet werden und der Teig lange gehen gelassen wird, damit er viel Triebkraft und Aroma entwickeln kann. Solche Teige können Sie wunderbar an Ihren Alltag anpassen und entweder bei Raumtemperatur 10–12 Stunden gehen lassen oder 20–30 Stunden kühl stellen. So kann man jederzeit einen Teig ansetzen und dann backen, wenn es zeitlich passt. Wenn der Teig kühl gestellt wurde, sollte er zum Akklimatisieren 1–2 Stunden vorher aus dem Kühlschrank genommen werden.

Zubereitungszeit: 16–35 Stunden
Stockgare: 2 Stunden + 12–32 Stunden
Stückgare: 60–90 Minuten
Backzeit: 45–50 Minuten

ZUTATEN FÜR 1 BROT, ca. 750 g

250 g Weizenmehl 550
100 g Weizenmehl 1050
150 g Roggenmehl 1150
2 g frische Hefe
320 g Wasser
2 TL Zuckerrübensirup
12 g Salz

TEIG

MISCHEN UND KNETEN Alle Teigzutaten, außer 30 g Wasser, in die Schüssel der Knetmaschine geben und auf der kleinsten Stufe 2 Minuten mischen. Auf der höchsten Stufe für Hefeteig 8 Minuten kneten, bis sich der Teig vom Schüsselrand löst. Nach 4–5 Minuten eventuell das restliche Wasser schluckweise dazugeben und mit unterkneten. Immer wieder warten, bis sich der Teig vom Schüsselrand löst, erst dann wieder einen Schluck Wasser zugeben.

STOCKGARE Den Teig in eine leicht geölte Schüssel mit Deckel geben, rundum einmal von außen zur Mitte hin falten und umdrehen. Abgedeckt 2 Stunden gehen lassen. Zwischendurch nach 1 Stunde nochmal rundum falten und wieder umdrehen. Den Teig weitere 12 Stunden bei Raumtemperatur oder 20–30 Stunden im Kühlschrank ruhen lassen. Falls er kühl gestellt wurde, 2 Stunden vor Weiterverarbeitung herausnehmen.

FORMEN Den Teig auf eine leicht bemehlte Unterlage geben und vorsichtig, ohne Druck rundum zur Mitte hin falten, umdrehen und rundwirken. Mit dem Schluss nach oben in einen runden bemehlten Gärkorb geben.

STÜCKGARE Den Teig 60–90 Minuten abgedeckt gehen lassen. Nach 60 Minuten die Fingerprobe machen.

BACKEN

Den Backofen auf 250 °C Ober- und Unterhitze vorheizen, ein Backblech mit aufheizen. Dieses aus dem Backofen nehmen, den Teigling aus dem Gärkorb auf das Blech stürzen und einschneiden. Das Backblech auf die mittlere Schiene in den Backofen schieben. Backofen schwaden und die Tür verschließen. Nach 15 Minuten den Dampf ablassen, den Backofen auf 200 °C herunterschalten und weitere 30–35 Minuten backen.

DINKEL-QUARK-KRUSTE

Reine Dinkelbrote oder Brotteige mit hohem Dinkelanteil neigen dazu, nach dem Backen schnell trocken zu werden. Durch die Zugabe von Quark, Joghurt oder Buttermilch bindet der Teig mehr Feuchtigkeit und die Krume trocknet weniger schnell aus. Reine Dinkelteige werden eher kurz und auf nicht zu hoher Stufe geknetet. Die Gehzeit des Vorteiges kann Ihrem Alltag angepasst werden. Wenn Sie vorhaben, morgens zu backen, können Sie den Vorteig abends ansetzen und ruhig über Nacht bei Raumtemperatur stehen lassen.

Zubereitungszeit: 9–18 Stunden
Stockgare: 3 Stunden
Stückgare: 60–90 Minuten
Backzeit: 45–50 Minuten

ZUTATEN FÜR 1 BROT, ca. 800 g

Hefevorteig
100 g Weizenmehl 550
100 g Wasser
1 g frische Hefe

Hauptteig
Hefevorteig
200 g Dinkelmehl 630
200 g Weizenmehl 550
200 g Quark 20%ig
100 g Wasser
2 g frische Hefe
1 TL Honig
12 g Salz

HEFEVORTEIG

Die Hefe im Wasser auflösen und das Mehl untermischen. Den Teig abgedeckt 4–12 Stunden bei Raumtemperatur gehen lassen.

HAUPTTEIG

MISCHEN UND KNETEN Hefevorteig sowie alle weiteren Zutaten für den Hauptteig, außer 30 g Wasser, in die Schüssel der Knetmaschine geben und auf der kleinsten Stufe 3 Minuten mischen. Danach auf der höchsten Stufe für Hefeteig 5 Minuten kneten. Nach insgesamt 5 Minuten eventuell das restliche Wasser schluckweise dazugeben und mit unterkneten.

STOCKGARE Den Teig in eine leicht geölte Schüssel mit Deckel geben und rundum einmal von außen zur Mitte hin falten. Den Teig umdrehen und abgedeckt 3 Stunden gehen lassen. Zwischendurch nach 1 und 2 Stunden nochmal rundum falten und wieder umdrehen.

FORMEN Den Teig auf eine leicht bemehlte Unterlage geben und vorsichtig, ohne zu viel Druck rundum zur Mitte hin falten, umdrehen und rundwirken. Den Teig 10 Minuten ruhen lassen, wieder umdrehen und langwirken. Mit dem Schluss nach unten in einen bemehlten Gärkorb geben.

STÜCKGARE Den Teig 60–90 Minuten abgedeckt gehen lassen. Nach 60 Minuten die Fingerprobe machen.

BACKEN

Den Backofen auf 250 °C Ober- und Unterhitze vorheizen, ein Backblech mit aufheizen. Dieses aus dem Backofen nehmen und den Teigling aus dem Gärkorb auf das Blech stürzen. Den Teigling nicht einschneiden, er reißt von allein auf. Das Backblech auf die mittlere Schiene in den Backofen schieben. Backofen schwaden und die Tür verschließen. Nach 15 Minuten den Dampf ablassen und den Backofen auf 200 °C herunterschalten. Weitere 30–35 Minuten backen.

JOGHURT-KRÜSTCHEN „ALL-IN-ONE" IM TOPF

Eine tolle Möglichkeit zum Brotbacken bietet ein schwerer gusseiserner Topf mit Deckel. Im Inneren entwickelt sich viel Dampf, da die Flüssigkeit aus dem Teig beim Backen teilweise verdunstet. Der Teig geht wunderbar auf, bekommt eine rösche Kruste und die Krume wird locker und großporig. Die Brote im Topf gelingen immer, auch wenn der Teig mal schief reinfällt. Lassen Sie sich nicht verleiten, den Teig mit den Händen gerade hinzulegen, falls das passiert. Der Topf wird nämlich mit aufgeheizt und ist sehr heiß. Das vergisst man manchmal.

Zubereitungszeit: 11–28 Stunden
Stockgare: 9–26 Stunden
Stückgare: 60–90 Minuten
Backzeit: 45–50 Minuten

ZUTATEN FÜR 1 BROT, ca. 750 g

200 g Weizenmehl 550
200 g Weizenmehl 1050
100 g Roggenmehl 1150
150 g Joghurt (kein fettarmer)
200 g Wasser
1 TL Honig
2 g frische Hefe
12 g Salz

TEIG

MISCHEN UND KNETEN Alle Teigzutaten, außer 30 g Wasser, in die Schüssel der Knetmaschine geben und auf der kleinsten Stufe 2 Minuten mischen. Auf der höchsten Stufe für Hefeteig 10–12 Minuten kneten, bis sich der Teig vom Schüsselrand löst. Nach 6 Minuten eventuell das restliche Wasser schluckweise dazugeben.

STOCKGARE Den Teig in eine leicht geölte Schüssel geben und rundum einmal falten. Umdrehen und abgedeckt in der Schüssel 2 Stunden gehen lassen. Zwischendurch nach 1 Stunde nochmal falten. Weitere 7–12 Stunden bei Raumtemperatur oder bis zu 24 Stunden im Kühlschrank stehen lassen.

FORMEN Den Teig auf eine bemehlte Backunterlage geben und ohne viel Druck falten und rundwirken. Mit dem Schluss nach unten in einen runden bemehlten Gärkorb legen.

STÜCKGARE Abgedeckt 60–90 Minuten bei Raumtemperatur gehen lassen. Nach 60 Minuten die Fingerprobe machen.

BACKEN

Den Backofen auf 250 °C Ober- und Unterhitze vorheizen, einen gusseisernen runden Topf inkl. Deckel mit aufheizen. Den Topf herausnehmen und Deckel abnehmen. Den Teigling aus dem Gärkorb vorsichtig in den Topf fallen lassen (1), dabei mit den Fingern den Teigling etwas halten, um den Sturz abzumildern. Den Topf verschließen und auf die unterste Schiene stellen. Backofen auf 220 °C herunterschalten und 50 Minuten backen. Die letzten 10 Minuten kann der Deckel abgenommen werden, damit die Kruste noch röscher wird.

BUTTERTOAST

Toast wird durch Buttermilch und Butter ganz besonders fluffig. Es gibt verschiedene Möglichkeiten, ihn zu formen. Den Teig kann man entweder in kleinere Teiglinge teilen, aufrollen und nebeneinander in die Form setzen, oder Sie machen aus dem ganzen Teig einen Fladen, rollen diesen auf und bringen ihn in die Kastenform. Der Teig kann auch einfach langgewirkt oder als Zopf geflochten werden. Es gibt spezielle Toastformen, in denen das Brot mit Deckel gebacken wird, damit die Kruste weich bleibt. Ich finde es aber in einer normalen Kastenform genauso gut.

Zubereitungszeit: 17–18 Stunden
Stockgare: 3 Stunden
Stückgare: 60–90 Minuten
Backzeit: 45–50 Minuten

ZUTATEN FÜR 1 KASTENFORM, ca. 30 × 11 cm, ca. 950 g

Hefevorteig
100 g Weizenmehl 550
100 g Buttermilch
3 g frische Hefe
3 g Salz

Hauptteig
Hefevorteig
400 g Weizenmehl 550
100 g Weizenmehl 1050
120 g Buttermilch
175 g Milch
3 TL Honig
10 g Salz
3 g frische Hefe
50 g Butter
Zum Einpinseln: Milch

2

HEFEVORTEIG

Die Hefe und Salz in der Buttermilch auflösen und das Mehl untermischen. Den Teig 12 Stunden bei Raumtemperatur gehen lassen.

HAUPTTEIG

MISCHEN UND KNETEN Hefevorteig sowie alle weiteren Zutaten für den Hauptteig, außer 30 g Milch und Butter, in die Schüssel der Knetmaschine geben und auf der kleinsten Stufe 5 Minuten mischen. Auf der höchsten Stufe für Hefeteig 8–10 Minuten kneten, bis sich der Teig vom Schüsselrand löst. Nach 4–5 Minuten eventuell die restliche Milch schluckweise und nach weiteren 7 Minuten die Butter in Stücken zum Teig geben und mit unterkneten.

1

STOCKGARE Den Teig in eine leicht geölte Schüssel mit Deckel geben und rundum einmal von außen zur Mitte hin falten. Den Teig umdrehen und abgedeckt 3 Stunden gehen lassen.

FORMEN Den Teig auf eine leicht bemehlte Unterlage geben und in 5 gleich große Teiglinge von 180–190 g abstechen. Jeden Teigling rundwirken und 5 Minuten ruhen lassen. Umdrehen, mit den Händen zu länglichen Fladen drücken und von der kurzen Seite her aufrollen (1). Mit dem Schluss nach unten dicht aneinander in eine gefettete Kastenform setzen (2).

STÜCKGARE Den Teig abgedeckt 60–90 Minuten gehen lassen. Nach 60 Minuten die Fingerprobe machen.

BACKEN

Den Backofen auf 240 °C Ober- und Unterhitze vorheizen, ein Backblech auf der mittleren Schiene mit aufheizen. Den Teig einschneiden und die Kastenform auf das Backblech in den Backofen schieben. Backofen schwaden und sofort die Tür verschließen. Nach 10 Minuten den Dampf ablassen und den Backofen auf 180–200 °C herunterschalten. Weitere 30–35 Minuten backen.

Nach dem Backen das Brot herausholen und auf ein Kuchengitter stürzen. Mit Milch einpinseln, so bekommt es einen schönen Glanz. Eventuell muss das Brot im Backofen abgedeckt werden, damit es nicht zu dunkel wird.

3ER BAUERNLAIB

Für dieses Brot wird am Vortag ein Hefevorteig angesetzt. Wenn es besser in Ihren Zeitplan passt, können Sie diesen anrühren, einige Stunden gehen lassen und bis zu 24 Stunden kühl stellen. Der Teig enthält 40 % Vollkornmehl. Sie können übrigens alle rundgewirkten Brote, die im Gärkorb gegangen sind, auch im Topf backen, wie im Rezept für das Joghurt-Krüstchen „All-in-One" (Seite 46) angegeben.

Zubereitungszeit: 13–18 Stunden
Stockgare: 3 Stunden
Stückgare: 60–90 Minuten
Backzeit: 45–50 Minuten

ZUTATEN FÜR 1 BROT, ca. 750 g

Hefevorteig
150 g Weizenvollkornmehl
150 g Wasser
2 g frische Hefe

Hauptteig
Hefevorteig
100 g Dinkelmehl 630
100 g Weizenmehl 1050
100 g Roggenmehl 1150
50 g Weizenvollkornmehl
160 g Wasser
1 TL Zuckerrübensirup
20 g Sonnenblumenöl
4 g frische Hefe
10 g Salz

HEFEVORTEIG

Die Hefe im Wasser auflösen und das Mehl untermischen. Den Teig abgedeckt 8–12 Stunden bei Raumtemperatur gehen lassen.

HAUPTTEIG

MISCHEN UND KNETEN Hefevorteig sowie alle weiteren Zutaten für den Hauptteig, außer 30 g Wasser, in die Schüssel der Knetmaschine geben und auf der kleinsten Stufe 2 Minuten mischen. Auf der höchsten Stufe für Hefeteig 6–8 Minuten kneten, bis sich der Teig vom Schüsselrand löst. Nach 4 Minuten eventuell das restliche Wasser schluckweise dazugeben und mit unterkneten.

STOCKGARE Den Teig in eine leicht geölte Schüssel mit Deckel geben und rundum einmal von außen zur Mitte hin falten. Den Teig umdrehen und abgedeckt 3 Stunden gehen lassen. Zwischendurch nach 1 und 2 Stunden nochmal rundum falten und wieder umdrehen.

FORMEN Den Teig auf eine leicht bemehlte Unterlage geben und vorsichtig ohne zu viel Druck rundum zur Mitte hin falten, umdrehen und rundwirken. Mit dem Schluss nach oben in einen bemehlten runden Gärkorb geben.

STÜCKGARE Den Teig 60–90 Minuten abgedeckt gehen lassen. Nach 60 Minuten die Fingerprobe machen.

BACKEN

Den Backofen auf 250 °C Ober- und Unterhitze vorheizen, ein Backblech mit aufheizen. Dieses aus dem Backofen nehmen, den Teigling aus dem Gärkorb auf das Blech stürzen und einschneiden. Das Backblech auf die mittlere Schiene in den Backofen schieben. Backofen schwaden und die Tür verschließen. Nach 15 Minuten den Dampf ablassen und den Backofen auf 200 °C herunterschalten. Weitere 30–35 Minuten backen.

BROT BACKEN MIT SAUERTEIG

BACKEN MIT SAUERTEIG

Mit den entsprechenden Bedingungen können reine Hefebrote sehr schmackhaft sein. Wenn Sie aber ein eher rustikales Brot mit langer Frischhaltung und würzigem, leicht säuerlichen Geschmack möchten, benötigen Sie Sauerteig. Vor allem roggenlastige Brotteige brauchen einen Sauerteig, da diese nur mit Hefe als Triebmittel ziemlich flach bleiben würden. Das im Handel erhältliche Sauerteigpulver ist lediglich ein Geschmacks- und Farbgeber für Sauerteigbrote. Es hat jedoch keine Triebkraft und macht die Krume nicht so locker, wie ein selbst angesetzter Sauerteig.

In Sauerteigen sind vor allem Hefepilze, Milchsäurebakterien und Essigsäurebakterien aktiv. Die Hefe bewirkt, dass sich Gasbläschen im Teig bilden, die die Krume locker machen. Durch die Milchsäure- und Essigbakterien bekommt das Brot seinen würzig-säuerlichen Geschmack.

Einen Sauerteig selbst anzusetzen, ist ganz einfach. Sie benötigen lediglich Mehl, Wasser und ein paar Tage Zeit, damit er sich entwickeln kann. Das Tolle ist, dass er weitergefüttert werden kann, wenn man ihn erst mal fertig angesetzt hat. Mit der richtigen Pflege kann er Jahrzehnte überstehen. Je älter der Sauerteig ist, umso besser werden sein Aroma und die Triebkraft. Jung und frisch angesetzt ist er oft eine Diva, je älter er wird, umso mehr verzeiht er.

SAUERTEIG.

AKTIVER ROGGENSAUERTEIG,
ca. 10–12 Stunden nach der Fütterung.

AKTIVER WEIZENSAUERTEIG,
ca. 10–12 Stunden nach der Fütterung.

SAUERTEIGARTEN

Es gibt gerade unter den Hobbybäckern viele verschiedene Sorten Sauerteig. Manche arbeiten mit allen Sorten, manche haben ein oder zwei Favoriten zu Hause im Kühlschrank stehen.

ROGGENSAUERTEIG wird aus Roggenmehl und Wasser angesetzt und vor allem für Brote mit viel Roggenmehl verwendet.

WEIZENSAUERTEIG wird aus Weizenmehl und Wasser angesetzt und vor allem für Brote, Brötchen und süßes Gebäck mit viel Weizen verwendet.

DINKELSAUERTEIG wird aus Dinkelmehl und Wasser angesetzt und vor allem für Brote, Brötchen und süßes Gebäck mit viel Dinkel verwendet.

HEFEWASSER-SAUERTEIG ist ein Sauerteig, der aus Hefewasser und Mehl angesetzt wird und innerhalb von 2–3 Tagen aktiv ist. Er kann für Brot, Brötchen und süßes Hefegebäck verwendet werden.

LIEVITO MADRE ist ein fest geführter, milder Sauerteig, der aus Italien stammt und dort als italienische Mutterhefe bezeichnet wird. Er wird in der Regel aus hellem Mehl, Wasser, Olivenöl und Honig angesetzt. Lievito kann für jeden Teig verwendet werden, sogar für Roggenbrote, die damit nur etwas milder werden.

Sauerteige können aus jedem anderen Mehl angesetzt werden, z. B. aus glutenfreien Mehlsorten oder aus Urkorngetreide. Hier geht es erst mal nur um die ersten drei Sorten. Zu Hefewasser-Sauerteig und Lievito Madre kommen wir in den folgenden Kapiteln.

BEGRIFFE SAUERTEIG UND ANSTELLGUT

In Sauerteig-Rezepten ist meistens von Anstellgut für Sauerteig oder einfach nur Anstellgut bzw. abgekürzt ASG die Rede. Damit ist der im Kühlschrank ruhende Teig gemeint. Zu Sauerteig wird dieser erst, wenn man ihn ansetzt, das heißt mit Mehl und Wasser mischt und gehen lässt, damit er zum einen sein Aroma und zum anderen seine Triebkraft entwickeln kann.

- Anstellgut = ASG = nicht-aktiver Sauerteig, der im Kühlschrank ruht
- Sauerteig = der mit ASG, Wasser und Mehl angesetzte und aktive Teig, fertig zur Weiterverarbeitung

SAUERTEIGMENGE

Für ein Sauerteigbrot wird 20–30 % der Mehlmenge mit 1–3 % ASG versäuert, d. h. pro Kilogramm Mehl in der Zutatenliste werden 100–300 g der Mehlmenge mit der gleichen Flüssigkeitsmenge und 10–30 g des Anstellgutes vermischt. Je höher die Mehlmenge und je mehr Anstellgut man nimmt, umso mehr wird der Teig versäuert.

In manchen Rezepten wird das Anstellgut direkt aus dem Kühlschrank zum Brotteig gegeben. Es dient dann entweder nur dem Aroma oder der Teig geht sehr lange und der Sauerteig kann dann während der Gare seine Triebkraft entwickeln.

FÜTTERN UND VERMEHREN DES ANSTELLGUTES

Das Anstellgut (ASG) im Kühlschrank sollten Sie alle 1–2 Wochen füttern (20–30 g Mehl und ebenso viel Wasser pro 100 g ASG) oder zumindest mal umrühren. Wenn auf der Oberfläche trockene Stellen sind, macht das nichts! Diese können einfach mit untergerührt werden. Oft setzt sich der sogenannte Fusel auf der Oberfläche ab und der Teig riecht ein wenig nach Nagellackentferner. Auch das ist völlig normal und zeigt nur, dass Ihr Teig Hunger hat und gefüttert werden möchte. Dieser Fusel kann ebenfalls mit untergerührt werden.

ASG wird immer mit 1 Teil Wasser und 1 Teil Mehl gefüttert. Normalerweise entnimmt man dem ASG eine bestimmte Menge, die man zum Backen verwenden möchte. Wie viel Sie nachfüttern richtet sich dann nicht nach der Menge an vorhandenem ASG, sondern Sie füttern einfach so viel zu, dass am Ende wieder die gleiche Ausgangsmenge übrig ist (siehe Beispiel links). Wenn Sie die Möglichkeit haben, nehmen Sie frisch gemahlenes Vollkornmehl. Damit entwickelt ASG am meisten Triebkraft, ansonsten geht es natürlich auch mit jedem anderen Mehl.

BEISPIEL: In Ihrem ASG-Glas sind 100 g Teig. Sie benötigen für ein Brot 30 g, die Sie entnehmen. Dann füttern Sie in etwa diese Menge, also 15 g Wasser und 15 g Mehl nach, rühren alles um und lassen den Teig ca. 12 Stunden stehen. Dann kommt er wieder zurück in den Kühlschrank.

Wenn Sie Anstellgut benötigen, können Sie das ASG erst füttern, über Nacht stehen lassen und dann erst entnehmen, oder Sie entnehmen es und füttern die gleiche Menge im Glas nach.

Damit das ASG nicht zu viel Hunger entwickelt, sollte es ab und an komplett mit einer größeren Menge Mehl und Wasser gefüttert werden, z. B. 100 g ASG mit 100 g Wasser und 100 g Mehl.

Sollte Ihr Anstellgut tatsächlich mal seine Triebkraft verlieren, können Sie es im Abstand von 6 Stunden mehrmals nacheinander füttern und möglichst warm stellen. Das geht im Sommer an warmen Sonnentagen draußen oder im Winter auf oder neben der Heizung. Sollte es trotz allem nicht in die Gänge kommen, kann manchmal 1 TL Honig oder Joghurt oder das Füttern mit frisch gemahlenem Vollkornmehl Wunder wirken.

Frisch angesetzter Sauerteig hat zu Beginn noch nicht so viel Triebkraft. Daher sollten Sie ihn entweder zwei- oder dreistufig führen, also im Abstand von einigen Stunden mehrmals füttern oder etwas Hefe zum Hauptteig geben.

TIPP: Wenn Sie längere Zeit nicht zum Backen kommen, mit 2/3 Mehl und 1/3 Wasser füttern und gleich kühl stellen. So hält es einige Wochen.

KONSERVIEREN VON ANSTELLGUT

Da Ihr Sauerteig mit der Zeit immer aromatischer und triebstärker wird, ist es ratsam, sich nach einigen Monaten eine Sicherung zu machen. Es kommt immer mal wieder vor, dass schädliche Bakterien in den Teig kommen und er schimmelt oder dass man aus Versehen das komplette Anstellgut verarbeitet, ohne etwas für das nächste Brot abzunehmen. Mit einer Sicherung fangen Sie nicht wieder von vorne an. Sie können diese innerhalb von 1–2 Tagen aktivieren und haben so gleich wieder ein gutes und aktives Anstellgut.

EINFRIEREN Sie können eine kleine Menge oder auch Ihr komplettes Anstellgut in einem Glas einfrieren. Zum Wiederbeleben lassen Sie es auftauen und mischen 2–3 TL Mehl und einen Schluck Wasser unter. Nach 12 Stunden diesen Teig nochmal mit je 50 g Wasser und Mehl füttern und weitere 12 Stunden stehen lassen. Sollte er dann noch nicht aktiv sein, können Sie ihn noch einige Male im Abstand von 4–6 Stunden mit kleinen Mengen füttern.

TROCKNEN Zum Trocknen Ihres Anstellgutes nehmen Sie einen Teil ab, füttern diesen mit 200 g Mehl und 200 g Wasser und lassen diesen Teig 18 Stunden bei Raumtemperatur stehen. Dann wird er dünn auf ein mit Backpapier belegtes Blech gestrichen. Das

GETROCKNETER Sauerteig.

GETROCKNETER SAUERTEIG wird am besten in einem Glas mit Deckel aufbewahrt.

Blech bleibt 2–3 Tage bei Raumtemperatur stehen, bis der Teig komplett trocken ist. Er wird dann in kleine Stücke gebrochen und kann in Schraubgläsern aufbewahrt werden.

Zum Aktivieren werden ein paar Stückchen davon genommen und mit ca. 50 g Wasser verrührt. Sobald sich diese aufgelöst haben, kommen 50 g Mehl dazu. Sie können diesen Teig dann im Abstand von 6–8 Stunden mit jeweils 50 g Mehl und Wasser füttern, bis er sich ungefähr verdoppelt und wieder genug Bläschen hat.

BESONDERHEITEN BEI WEIZEN- UND DINKELSAUERTEIGEN

Beide Teige werden wie Roggensauerteig hergestellt. Zum Füttern nehmen Sie jedoch immer etwas mehr Mehl, da diese Teige sonst zu flüssig werden. Der Mehlanteil sollte ca. 60 g sein, der Wasseranteil 50 g oder entsprechend größere Mengen.

Dinkel- und Weizensauerteige sind milder und versäuern den Teig weniger als Roggensauerteig. Sie unterscheiden sich außerdem deutlich in der Farbe und sind beide heller als Roggensauerteig.

GRUNDSÄTZLICHES ZUM BACKEN MIT SAUERTEIG

Sauerteig wird in der Regel am Vortag, ca. 16–24 Stunden vor dem Hauptteig, hergestellt. Je wärmer Ihre Räume sind, desto schneller ist er fertig, je kühler sie sind, desto länger benötigt er. Bei Temperaturen von 28–30 °C kann ein Sauerteig in 6–8 Stunden fertig sein.

Je wärmer ein Sauerteig geht, umso milder ist das Sauerteigaroma im fertigen Brot. Je kühler er steht, umso mehr versäuert der Teig und umso kräftiger wird der Geschmack.

GETROCKNETER Sauerteig.

BEISPIEL EIN-STUFEN-FÜHRUNG:

100 g Mehl (20 %)
+ 100 g Wasser (20 %)
+ 10 g Anstellgut (2 %)
16–24 Stunden bei Raumtemperatur stehen lassen.

BEISPIEL ZWEI-STUFEN-FÜHRUNG:

1. Stufe Grundsauer

35 g Mehl
+ 20 g Wasser
+ 10 g Anstellgut
bei Raumtemperatur 15–20 Stunden stehen lassen.

2. Stufe Vollsauer

+ 65 g Mehl
+ 80 g Wasser
bei Raumtemperatur 4 Stunden stehen lassen.

BEISPIEL DREI-STUFEN-FÜHRUNG:

1. Stufe Auffrischsauer

15 g Mehl
+ 15 g Wasser
+ 5 g Anstellgut
bei Raumtemperatur 5–6 Stunden stehen lassen.

2. Stufe Grundsauer

+ 25 g Mehl
+ 25 g Wasser
bei Raumtemperatur 8 Stunden stehen lassen.

3. Stufe Vollsauer

+ 60 g Mehl
+ 60 g Wasser
bei Raumtemperatur 3 Stunden stehen lassen.

BEISPIEL BERLINER KURZSAUER:

100 g Mehl
+ 90 g Wasser
+ 20 g Anstellgut
bei 35 °C 3–4 Stunden stehen lassen.

Die Sauerteigmenge wird ausgehend von der Gesamtmehlmenge eines Brotteiges errechnet. Man nimmt ca. 20–30 % der Gesamtmehlmenge und vermischt diese mit der gleichen Menge Wasser und 2–6 % des Anstellgutes, je nachdem wie stark der Teig versäuert werden soll. Wenn beispielsweise in einem Rezept 500 g Mehl angegeben sind, nehmen Sie 100 g davon ab (20 %) und vermischen diese mit 100 g der Flüssigkeit (20 %) und 10–30 g Anstellgut (2–6 %).

Anstellgut aus dem Kühlschrank kann auch direkt in den Hauptteig gegeben werden, wenn der Teig später sehr lange geht.

Am meisten Triebkraft bekommt Sauerteig, wenn er mit frisch gemahlenem Vollkornmehl angesetzt und gefüttert wird. Da frisch angesetzter Sauerteig noch nicht so viel Triebkraft hat, wird der Sauerteig in den meisten Rezepten hier im Buch zweistufig geführt. Das bedeutet, dass er innerhalb von 20–24 Stunden zweimal gefüttert wird. Sobald Sie merken, dass er genügend Triebkraft hat, können Sie bei allen Rezepten den Sauerteig in einem Schritt machen.

METHODEN ZUM ANSETZEN VON SAUERTEIG

Diese verschiedenen Methoden sind für Sie in diesem Buch nicht wichtig, Sie werden jedoch in anderen Brotrezepten mit Sicherheit die Begriffe mal lesen. Je nach Raumtemperatur, Triebkraft Ihres Anstellguts oder ob Sie weitere Triebmittel einsetzen, können Sie Ihren Sauerteig mit unterschiedlichen Methoden ansetzen. Alle Beispiele gehen von 500 g Gesamtmehlmenge aus.

EIN-STUFEN-FÜHRUNG Dies ist die gängigste Art, Sauerteig anzusetzen. Sie wird bei Rezepten mit zusätzlicher Hefe im Hauptteig angewendet.

ZWEI-STUFEN-FÜHRUNG Wenn der Sauerteig noch sehr jung ist oder Sie ein Brot nur mit Sauerteig als Triebmittel backen möchten, kann dieser zweistufig angesetzt werden. Bei dem ersten und weiteren Rezepten in diesem Kapitel ist dies der Fall.

DREI-STUFEN-FÜHRUNG Diese Art des Ansetzens kann ebenfalls helfen, einem jungen Anstellgut genügend Triebkraft zu verleihen, wenn ein Brot ohne weitere Triebmittel gebacken werden soll.

BERLINER KURZSAUER Diese Methode können Sie anwenden, wenn Sie schnell einen fertigen Sauerteig brauchen und die Möglichkeit haben, diesen warm gehen zu lassen. Er benötigt durchgehend um die 35 °C. Er wird etwas fester geführt als üblich.

SAUERTEIG SELBST ANSETZEN

Zum Ansetzen von Sauerteig eignen sich am besten Weckgläser mit Glasdeckel oder große Schraubgläser, beide sind auch später für den fertigen Ansatz geeignet. Ich bevorzuge Weckgläser, da sie einfach zu reinigen sind und im Kühlschrank mit dem Deckel drauf gut gestapelt werden können.

Zum Ansetzen von Sauerteig kann jeder Mehltyp und jede Mehlart genommen werden. Sowohl Auszugsmehle von jeder Sorte, als auch Vollkornmehl sind dafür geeignet. Ich nehme zum Ansetzen und Füttern nur noch Vollkornmehl, möglichst frisch gemahlen, da die Sauerteige damit am besten treiben und reifen.

Sauerteig selbst anzusetzen, ist wirklich einfach. Es dauert nur ein paar Tage, und wenn Sie ihn danach richtig pflegen, kann er Jahre oder Jahrzehnte überstehen. Die folgende Anleitung ist für Roggensauerteig, eignet sich aber auch für jede andere Mehlsorte.

TAG 1

50 g Roggenmehl
50 g Wasser

Die Zutaten verrühren und das Glas mit einem nur aufgelegten Deckel verschließen. Bei Raumtemperatur 12 Stunden stehen lassen. Einmal umrühren und nochmal 12 Stunden stehen lassen.

ANGERÜHRTER Roggensauerteig.

1 Anstellgut in ein Glas geben.

2 Mehl und Wasser in gleicher Menge dazugeben.

FRISCH ANGESETZTER Roggensauerteig (links) und fertiger Roggensauerteig (rechts).

FRISCH ANGESETZTER Weizensauerteig (links) und fertiger Weizensauerteig (rechts).

TAG 2

50 g Roggenmehl
50 g Wasser

Nach insgesamt 24 Stunden 50 g abnehmen und mit 50 g Roggenmehl und 50 g Wasser füttern, umrühren und weitere 24 Stunden stehen lassen.

TAG 3

50 g Roggenmehl
50 g Wasser

Nach weiteren 24 Stunden wieder 50 g abnehmen und mit 50 g Roggenmehl und 50 g Wasser füttern, umrühren und weitere 24 Stunden stehen lassen.

TAG 4

50 g Roggenmehl
50 g Wasser

Weitere 24 Stunden später 50 g abnehmen und mit 50 g Roggenmehl und 50 g Wasser füttern, umrühren und 24 Stunden stehen lassen.

TAG 5

50 g Roggenmehl
50 g Wasser

Nach 24 Stunden nochmal 50 g abnehmen und mit 50 g Roggenmehl und 50 g Wasser füttern, umrühren und weitere 24 Stunden stehen lassen.

TAG 6

50 g Roggenmehl
50 g Wasser

Weitere 24 Stunden später noch ein letztes Mal 50 g abnehmen und mit 50 g Roggenmehl und 50 g Wasser füttern, umrühren und weitere 24 Stunden stehen lassen.

TAG 7

Ihr Sauerteig ist fertig. Sie können ihn in einem Glas mit Deckel in den Kühlschrank stellen – das ist Ihr künftiges Anstellgut, um einen Roggensauerteig anzusetzen. Die Reste, die beim Ansetzen übrig bleiben, können Sie im Kühlschrank sammeln und einfach jeweils 50 g als Aromateig zu beliebigen Brotteigen dazugeben, dann etwas weniger Flüssigkeit als im Rezept angegeben verwenden.

Sie können sich auch aus den Ansatzresten vom Roggensauerteig einen Weizen- und/oder Dinkelsauerteig umzüchten, indem Sie 50 g vom Roggenanstellgut abnehmen und mit Weizen- oder Dinkelmehl weiterfüttern. Umgekehrt können Sie zuerst einen Weizensauerteig ansetzen und diesen zu einem Roggensauerteig umzüchten, oder Sie setzen sich nach der gleichen Methode wie beim Roggensauerteig den Weizensauerteig neu an.

ANSETZEN EINES Weizensauerteiges.

ROGGENBROT 50/50

Dieses Roggenbrot besteht jeweils zur Hälfte aus Roggen- und Weizenmehl. Für eine bessere Frischhaltung sorgt Quark im Hauptteig. Wenn Sie gerne Brotgewürze mögen, können Sie in diesen Teig ein Gewürz oder eine Mischung Ihrer Wahl geben. Bei den meisten Sauerteigrezepten in diesem Buch wird der Sauerteig zweistufig geführt, weil er frisch angesetzt noch nicht so viel Triebkraft hat. Nach einigen Wochen können Sie Ihren Sauerteig dann einstufig führen, also alle Zutaten gleich im ersten Schritt vermischen und ca. 16–18 Stunden gehen lassen.

Zubereitungszeit: 28–29 Stunden
Stockgare: 3 Stunden
Stückgare: 60–90 Minuten
Backzeit: 45–50 Minuten

ZUTATEN FÜR 1 BROT, ca. 850 g

Roggensauerteig
100 g Roggenvollkornmehl
100 g Wasser
20 g Anstellgut für Roggensauerteig

Hefevorteig
100 g Weizenmehl 550
100 g Wasser
2 g frische Hefe

Hauptteig
Roggensauerteig
Hefevorteig
200 g Weizenmehl 1050
150 g Roggenmehl 1150
30 g Wasser
2 g frische Hefe
130 g Quark 20%ig
2 TL Zuckerrübensirup
12 g Salz

ROGGENSAUERTEIG

Das Anstellgut in 50 g Wasser auflösen und 50 g vom Mehl untermischen. 16 Stunden bei Raumtemperatur gehen lassen. Restliches Mehl und Wasser unterrühren und weitere 6 Stunden gehen lassen.

HEFEVORTEIG

Die Hefe im Wasser auflösen und das Mehl untermischen. Den Teig abgedeckt 12–14 Stunden bei Raumtemperatur gehen lassen.

HAUPTTEIG

MISCHEN UND KNETEN Roggensauerteig und Hefevorteig sowie alle weiteren Zutaten für den Hauptteig, außer Wasser, in die Schüssel der Knetmaschine geben und auf der kleinsten Stufe 5 Minuten mischen. Auf der höchsten Stufe für Hefeteig 4–5 Minuten kneten, bis sich der Teig vom Schüsselrand löst. Nach 2 Minuten eventuell das Wasser schluckweise dazugeben und mit unterkneten.

STOCKGARE Den Teig in eine leicht geölte Schüssel mit Deckel geben und rundum einmal von außen zur Mitte hin falten. Den Teig umdrehen und abgedeckt 3 Stunden gehen lassen. Zwischendurch nach 1 und 2 Stunden nochmal rundum falten und wieder umdrehen.

FORMEN Den Teig auf eine leicht bemehlte Unterlage geben und nochmal rundum zur Mitte hin falten, umdrehen, rundwirken und 15 Minuten abgedeckt stehen lassen. Den Teigling wieder umdrehen und langwirken. Mit dem Schluss nach unten in einen bemehlten Gärkorb geben.

STÜCKGARE Den Teig 60–90 Minuten abgedeckt gehen lassen.

BACKEN

Backofen auf 250 °C Ober- und Unterhitze vorheizen, Backblech mit aufheizen. Dieses aus dem Backofen nehmen und den Teigling auf das Blech stürzen. Nicht einschneiden, er reißt von allein auf. Das Backblech auf die mittlere Schiene schieben, Backofen schwaden und Tür verschließen. Nach 15 Minuten den Dampf ablassen und bei 200 °C weitere 30–35 Minuten backen.

BAUERNBROT

Dieses Mischbrot enthält fast zur Hälfte Roggenvollkornmehl, daher wird zu Beginn ein Autolyseteig gemacht. Beim Hauptteig wird dazu das Mehl mit dem Wasser kurz vermischt, bis keine Mehlnester mehr zu sehen sind. Dadurch muss der Teig anschließend nicht mehr so lange geknetet werden. Die Krume wird aromatischer, der Teig geht besser auf und die Kruste verbessert sich. Vor allem vollkornlastige Teige werden mit einem Autolyseteig wesentlich besser (siehe auch Seite 76).

Zubereitungszeit: 25–30 Stunden
Stockgare: 2 Stunden
Stückgare: 60–90 Minuten
Backzeit: 45–50 Minuten

ZUTATEN FÜR 1 BROT, ca. 950 g

Roggensauerteig, zweistufig
100 g Roggenvollkornmehl
100 g Wasser
25 g Anstellgut für Roggensauerteig

Hauptteig
Roggensauerteig
250 g Weizenmehl 550
100 g Weizenmehl 1050
150 g Roggenvollkornmehl
320 g Wasser
3 g frische Hefe
2 TL Zuckerrübensirup
13 g Salz
1 TL Schabzigerklee oder anderes Brotgewürz

ROGGENSAUERTEIG, ZWEISTUFIG

Das Anstellgut in 50 g Wasser auflösen und 50 g vom Mehl untermischen. Den Teig abgedeckt 16–18 Stunden bei Raumtemperatur gehen lassen. Das restliche Mehl und Wasser dazugeben und unterrühren. Weitere 4–6 Stunden bei Raumtemperatur gehen lassen.

HAUPTTEIG

AUTOLYSE Das Wasser mit dem gesamten Mehl in die Schüssel der Knetmaschine geben und auf kleinster Stufe 1 Minute vermischen. Den Autolyseteig 30–60 Minuten abgedeckt stehen lassen.

MISCHEN UND KNETEN Alle weiteren Teigzutaten, inkl. Roggensauerteig, dazugeben und auf der kleinsten Stufe 5 Minuten mischen. Auf der höchsten Stufe für Hefeteig 3 Minuten kneten, bis sich der Teig vom Schüsselrand löst.

STOCKGARE Den Teig in eine leicht geölte Schüssel geben, einmal rundum falten und umdrehen. 2 Stunden gehen lassen.

FORMEN Den Teig auf ein bemehltes Backbrett geben und rundwirken. Mit dem Schluss nach unten in einen bemehlten Gärkorb geben.

STÜCKGARE Abgedeckt 60–90 Minuten bei Raumtemperatur gehen lassen.

BACKEN

Den Backofen auf 250 °C Ober- und Unterhitze vorheizen, ein Backblech mit aufheizen. Das Blech aus dem Ofen nehmen, den Teigling aus dem Gärkorb daraufstürzen und das Blech auf die mittlere Schiene in den Backofen schieben. Backofen schwaden und die Tür verschließen. Nach 15 Minuten den Dampf ablassen, den Backofen auf 200 °C herunterschalten und weitere 30–35 Minuten backen.

3-KORN-MISCHBROT

Altes und trockenes Brot lässt sich besonders gut für Brotteige verwenden. Die Brote bleiben dadurch länger frisch und bekommen mehr Aroma. Der Teig nimmt durch das Altbrot mehr Flüssigkeit auf, was die Krume feuchter werden lässt. Besonders aromatisch wird das Brot, wenn man das alte getrocknete Brot vorher im Backofen anröstet. Ich sammle immer so viel, bis ich ein Backblech voll habe, und röste es dann. Abgekühlt wird es gemahlen und in einer Dose aufbewahrt. So hält es sich Monate.

Zubereitungszeit: 25–27 Stunden
Stockgare: 3 Stunden
Stückgare: 45–60 Minuten
Backzeit: 45–50 Minuten

ZUTATEN FÜR 1 BROT, ca. 950 g

Roggensauerteig, zweistufig
200 g Roggenmehl 1150
200 g Wasser
35 g Anstellgut für Roggensauerteig

Hauptteig
Roggensauerteig
200 g Weizenmehl 550
150 g Dinkelmehl 1050
220 g Wasser
1 TL Zuckerrübensirup
12 g Salz
50 g Altbrot geröstet, alternativ Semmelbrösel

Tipp: Statt gemahlenem Altbrot kann altes getrocknetes Brot in Würfel geschnitten und im Sauerteig eingeweicht werden.

ROGGENSAUERTEIG, ZWEISTUFIG

Das Anstellgut in 100 g lauwarmem Wasser auflösen und 100 g vom Mehl untermischen. Den Teig abgedeckt 14 Stunden bei Raumtemperatur gehen lassen. Das restliche Mehl und lauwarmes Wasser dazugeben und unterrühren. Weitere 6–8 Stunden bei Raumtemperatur gehen lassen.

HAUPTTEIG

MISCHEN UND KNETEN Roggensauerteig sowie alle weiteren Zutaten für den Hauptteig, außer 40 g Wasser, in die Schüssel der Knetmaschine geben und auf der kleinsten Stufe 2 Minuten mischen. Auf der höchsten Stufe für Hefeteig 6–8 Minuten kneten, bis sich der Teig vom Schüsselrand löst. Nach 4–5 Minuten eventuell das restliche Wasser schluckweise dazugeben.

STOCKGARE Den Teig in eine leicht geölte Schüssel geben und rundum einmal falten, umdrehen und abgedeckt in der Schüssel 3 Stunden gehen lassen. Zwischendurch nach 1 und 2 Stunden nochmal falten und rundwirken.

FORMEN Den Teig auf eine bemehlte Backunterlage geben und nochmal rundwirken und umdrehen. 10 Minuten gehen lassen. Dann den Teig langwirken und mit dem Schluss nach oben in einen länglichen Gärkorb legen.

STÜCKGARE Abgedeckt 45–60 Minuten bei Raumtemperatur gehen lassen. Nach 30–45 Minuten die Fingerprobe machen.

BACKEN

Den Backofen auf 250 °C Ober- und Unterhitze vorheizen, ein Backblech mit aufheizen. Das Blech herausnehmen und den Teig aus dem Gärkorb auf das Blech stürzen und einschneiden. Das Blech auf die mittlere Schiene des Backofens schieben. Backofen schwaden und die Tür verschließen. Nach 15 Minuten den Dampf ablassen und den Backofen auf 200 °C herunterschalten. Weitere 30–35 Minuten backen.

OLIVENÖL-TOAST „ALL-IN-ONE“

Toast kann auch mit Weizensauerteig hergestellt werden. Er bekommt dadurch ein besonderes Aroma. Der Teig kann wieder, wie bei allen „All-in-One“-Rezepten, in einem Arbeitsschritt komplett angesetzt werden. Statt Butter kommt in diesen Teig viel Olivenöl, was dem Toast einen mediterranen Touch gibt. Die Stückgare könnte bei diesem Brot auch über 10–12 Stunden im Kühlschrank stattfinden. Sie können es dann nach dem Formen noch 20 Minuten bei Raumtemperatur in der Kastenform stehen lassen und anschließend kühl stellen.

Zubereitungszeit: 6–7 Stunden
Stockgare: 3 Stunden
Stückgare: 90–120 Minuten
Backzeit: 45–50 Minuten

ZUTATEN FÜR 1 KASTENBROT
ca. 33 × 11 cm, ca. 850 g

30 g Weizensauerteig-ASG, am Vortag gefüttert
150 g Weizenvollkornmehl
150 g Weizenmehl 550
200 g Weizenmehl 1050
40 g Wasser
3 g frische Hefe
250 g Buttermilch
3 TL Honig
12 g Salz
50 g Olivenöl

TEIG

MISCHEN UND KNETEN Alle Teigzutaten, außer Wasser und Öl, in die Schüssel der Knetmaschine geben und auf der kleinsten Stufe 2 Minuten mischen. Auf der höchsten Stufe für Hefeteig 10–12 Minuten kneten, bis sich der Teig vom Schüsselrand löst. Nach 4–5 Minuten eventuell das restliche Wasser schluckweise dazugeben. In den letzten 2–3 Minuten langsam das Öl zugießen und mit unterkneten.

STOCKGARE Den Teig in eine leicht geölte Schüssel geben und rundum einmal falten. Umdrehen und abgedeckt in der Schüssel 3 Stunden gehen lassen. Zwischendurch nach 1 und 2 Stunden nochmal falten und rundwirken.

FORMEN Den Teig auf eine bemehlte Backunterlage geben und rundwirken. Es gibt nun verschiedene Möglichkeiten zum Formen. Entweder wirken Sie den Teig lang und legen ihn mit dem Schluss nach unten in eine Kastenform, oder Sie formen wieder, wie beim Buttertoast, mehrere Teiglinge und setzen sie nebeneinander in die Form. Eine weitere Alternative, die toll aussieht, ist eine Zopfform. Dazu wird der Teigling in drei gleich große Stücke, jedes ca. 300 g, geteilt und wie ein Zopf geflochten.

STÜCKGARE Abgedeckt 90–120 Minuten bei Raumtemperatur gehen lassen, bis sich der Teig verdoppelt hat. Nach 60–90 Minuten die Fingerprobe machen.

BACKEN

Den Backofen auf 220 °C Ober- und Unterhitze vorheizen, ein Backblech auf der mittleren Schiene mit aufheizen. Die Form auf das Backblech schieben. Die Zopfform muss nicht eingeschnitten werden, die anderen Formen bitte einschneiden. Backofen schwaden und die Tür verschließen. Nach 15 Minuten den Dampf ablassen und den Backofen auf 180 °C herunterschalten. Weitere 30–35 Minuten backen. Das Brot herausnehmen, aus dem Kasten auf ein Gitter stürzen und mit Wasser abstreichen.

BIERKRUSTE

Bier als Schüttflüssigkeit gibt Brotteigen einen tollen Geschmack. Die Biersorte können Sie ganz nach Geschmack wählen, sie sollte aber nicht zu herb sein. Falls Kinder mitessen und Sie keinen Alkohol im Brot möchten, können Sie alkoholfreies Bier oder Malzbier verwenden.

Zubereitungszeit: 23–25 Stunden
Stockgare: 3 Stunden
Stückgare: 60 Minuten
Backzeit: 45–50 Minuten

ZUTATEN FÜR 1 BROT, ca. 800 g

Weizensauerteig
100 g Weizenvollkornmehl
100 g Wasser
20 g Anstellgut für Weizensauerteig

Hefevorteig
100 g Weizenmehl 550
100 g Wasser
3 g frische Hefe

Hauptteig
Weizensauerteig
Hefevorteig
150 g Dinkelmehl 630
150 g Roggenmehl 1150
150 g Bier
1 TL Zuckerrübensirup
12 g Salz

WEIZENSAUERTEIG

Das Anstellgut in 50 g Wasser auflösen und 50 g vom Mehl untermischen. 12–14 Stunden bei Raumtemperatur gehen lassen. Restliches Mehl und Wasser unterrühren und weitere 6 Stunden gehen lassen.

HEFEVORTEIG

Die Hefe im Wasser auflösen und das Mehl untermischen. Den Teig abgedeckt 12–14 Stunden bei Raumtemperatur gehen lassen.

HAUPTTEIG

MISCHEN UND KNETEN Weizensauerteig und Hefevorteig sowie alle weiteren Zutaten für den Hauptteig, außer 30 g Bier, in die Schüssel der Knetmaschine geben und auf der kleinsten Stufe 2 Minuten mischen. Auf der höchsten Stufe für Hefeteig 8 Minuten kneten, bis sich der Teig vom Schüsselrand löst. Nach 4–5 Minuten eventuell das restliche Bier schluckweise dazugeben und mit unterkneten.

STOCKGARE Den Teig in eine leicht geölte Schüssel mit Deckel geben und rundum einmal von außen zur Mitte hin falten. Den Teig umdrehen und abgedeckt 3 Stunden gehen lassen. Zwischendurch nach 1 und 2 Stunden nochmal rundum falten und wieder umdrehen.

FORMEN Den Teig auf eine leicht bemehlte Unterlage geben, nochmal rundum zur Mitte hin falten, umdrehen und rundwirken. Den Teig 10 Minuten ruhen lassen, umdrehen und langwirken. Mit dem Schluss nach oben in einen länglichen Gärkorb legen.

STÜCKGARE Den Teig 60 Minuten abgedeckt gehen lassen. Nach 45 Minuten die Fingerprobe machen.

BACKEN

Den Backofen auf 250 °C Ober- und Unterhitze vorheizen, ein Backblech mit aufheizen. Dieses aus dem Backofen nehmen, den Teigling auf das Blech setzen und einschneiden. Das Backblech auf die mittlere Schiene in den Backofen schieben. Backofen schwaden und die Tür verschließen. Nach 15 Minuten den Dampf ablassen und den Backofen auf 200 °C herunterschalten. Weitere 30–35 Minuten backen.

DINKEL-SAUERTEIG-KRUSTE „ALL-IN-ONE“ IM TOPF

Reine Dinkelbrote brauchen entweder ein Kochstück, Brühstück, Quark oder ein anderes Milchprodukt, damit sie eine feuchte Krume bekommen und lange frisch halten. Bei dinkellastigen Teigen sollten Sie darauf achten, den Teig nicht zu lange und nicht zu schnell zu kneten, da er sonst überknetet ist und sich dann kaum noch formen lässt.

Zubereitungszeit: 18–20 Stunden
Stockgare: 16–18 Stunden
Stückgare: 45–60 Minuten
Backzeit: 50 Minuten

ZUTATEN FÜR 1 BROT, ca. 850 g

30 g Weizensauerteig ASG, am Vortag gefüttert
150 g Dinkelvollkornmehl
350 g Dinkelmehl 630
150 g Wasser
1 g frische Hefe
250 g Quark 20%ig
1 TL Honig
10 g Salz

TEIG

MISCHEN UND KNETEN Alle Teigzutaten, außer 30 g Wasser, in die Schüssel der Knetmaschine geben und auf der kleinsten Stufe 2 Minuten mischen. Auf der mittleren Stufe für Hefeteig 6 Minuten kneten, bis sich der Teig vom Schüsselrand löst. Nach 3–4 Minuten eventuell das restliche Wasser schluckweise dazugeben.

STOCKGARE Den Teig in eine leicht geölte Schüssel geben und rundum einmal falten. Umdrehen und abgedeckt in der Schüssel bei Raumtemperatur 16–18 Stunden gehen lassen. Wenn Sie zwischendurch Zeit und Lust haben, können Sie den Teig nochmal falten und rundwirken.

FORMEN Den Teig auf eine bemehlte Backunterlage geben und rundwirken. Mit dem Schluss nach oben in den bemehlten Gärkorb legen.

STÜCKGARE Abgedeckt 60 Minuten bei Raumtemperatur gehen lassen. Nach 45 Minuten die Fingerprobe machen.

BACKEN

Den Backofen auf 250 °C Ober- und Unterhitze vorheizen, einen gusseisernen runden Topf mit aufheizen. Diesen herausnehmen und Deckel abnehmen. Den Teigling aus dem Gärkorb auf eine Backunterlage stürzen und einschneiden. Diesen dann vorsichtig mit den Fingern hochnehmen und in den Topf fallen lassen. Den Topf verschließen und auf die unterste Schiene stellen. Backofen auf 220 °C herunterschalten und 50 Minuten backen. Die letzten 10 Minuten kann der Deckel abgenommen werden.

Sie können den Teig alternativ mit dem Schluss nach unten gehen lassen und dann direkt in den Topf stürzen.

BROT BACKEN MIT KOCHSTÜCK, QUELLSTÜCK, BRÜHSTÜCK

WOZU BRAUCHT MAN AUTOLYSETEIG, KOCHSTÜCK, QUELLSTÜCK UND BRÜHSTÜCK?

Beim Brotbacken werden je nach Mehlsorte und sonstigen Zutaten bestimmte Vorteige angesetzt. Sie dienen alle der Vorverquellung von Zutaten wie Saaten, Nüssen, Altbrot und Getreideschrot oder auch von Mehl. Würde man Saaten oder Nüsse einfach zum Hauptteig geben, würden diese durch das langsame Aufquellen dem Hauptteig Wasser entziehen – die Krume würde dadurch trocken werden.

Saaten und Nüsse werden meistens vor der Verquellung in einer Pfanne trocken geröstet, damit sie ihr ganzes Aroma entfalten. Das Vorverquellen bewirkt, dass die Krume aromatischer und saftiger wird, da mehr Feuchtigkeit in den Teig kommt. Außerdem wird das Brot bekömmlicher. Diese Vorteige werden auch als Nullteige bezeichnet, da sie keine Triebmittel enthalten. In der Regel stellt man diese Teige 3–4 Stunden vor Vermischen des Hauptteiges her. Sie können auch 12–16 Stunden vorher zubereitet und nach dem Abkühlen kühl gestellt werden.

AUTOLYSETEIG

Für einen Autolyseteig vermischt man das gesamte Mehl des Hauptteiges mit der gesamten Schüttflüssigkeit und lässt diesen Teig 30–60 Minuten quellen. Die Glutenstränge verbinden sich so besser und Geschmack, Volumen und Kruste verbessern sich. Außerdem muss der Teig später weniger lang geknetet werden. Autolyseteige machen vor allem bei Teigen mit viel Vollkorn Sinn, können aber auch bei jedem anderen Teig angewendet werden. Wenn die Flüssigkeit im Hauptteig nicht ausreichend ist, kann man Vorteige wie Sauer- oder Hefeteig bereits dazugeben.

KOCHSTÜCK

Bei einem Kochstück wird ein Teil des Mehles mit der fünffachen Menge Flüssigkeit zu einem dicken Pudding aufgekocht. Dadurch bringt man mehr Flüssigkeit in den Teig, was z. B. bei reinen Dinkelteigen wichtig ist, da diese dazu neigen, nach dem Backen

1 Ein Kochstück vorbereiten: Wasser mit Mehl gründlich verrühren.

2 Aufkochen, bis es andickt, dann abkühlen lassen.

1 Zutaten für ein Brühstück.

2 Alle Zutaten für das Brühstück werden vermischt und mit heißem Wasser übergossen.

schnell trocken zu werden. Auch Vollkornteigen tut ein Kochstück gut. Verwenden kann man es im Prinzip bei jedem Brotteig. Das Mehl wird immer mit der kalten Flüssigkeit angerührt, bis keine Klumpen mehr zu sehen sind, und dann erst aufgekocht.

QUELLSTÜCK

Für ein Quellstück werden Getreide, Schrot, Saaten und/oder Altbrot mit kaltem bzw. lauwarmem Wasser oder anderer Flüssigkeit übergossen und einige Stunden quellen gelassen. Das bringt mehr Feuchtigkeit in den Teig. Würde man diese Zutaten direkt in den Teig geben, würden sie während der Gare dem Teig Feuchtigkeit entziehen und die Krume schnell austrocknen. Ein Quellstück kann man bei Raumtemperatur 4 Stunden stehen lassen oder auch länger, wenn es gekühlt wird. Je nachdem, was verquollen wird, braucht man mehr oder weniger Flüssigkeit. Samen und Nüsse benötigen ca. 50 % Wasser (100 g Samen bzw. Nüsse und 50 g Wasser), Schrot und Flocken ca. 100 % (100 g Schrot bzw. Flocken und 100 g Wasser) und getrocknetes Altbrot 200 % Wasser (100 g Altbrot und 200 g Wasser). Ein Vielfaches ihres Gewichtes benötigen Chiasamen und Flohsamenschalen.

BRÜHSTÜCK

Ein Brühstück ist das Gleiche wie ein Quellstück, hier wird nur sehr heißes oder kochendes Wasser verwendet. Mit etwas mehr Erfahrung gibt man diese Zutaten auch direkt zum Teig, dann wird entsprechend mehr Flüssigkeit mit untergeknetet.

ODENWÄLDER MISCHBROT

Da der Dinkelanteil bei diesem Brot sehr hoch ist, kommt ein Kochstück mit in den Teig, das neben Dinkelmehl noch Flohsamenschalen enthält. Flohsamenschalen binden ein Vielfaches an Flüssigkeit, was mehr Feuchtigkeit in die Krume bringt. Der Sauerteig wird nur noch einstufig geführt. Für eine bessere Triebkraft wird zusätzlich ein Hefevorteig angesetzt.

Zubereitungszeit: 21–23 Stunden
Stockgare: 3 Stunden
Stückgare: 45–60 Minuten
Backzeit: 45–50 Minuten

ZUTATEN FÜR 1 BROT, ca. 900 g

Roggensauerteig
100 g Roggenvollkornmehl
100 g Wasser
20 g Anstellgut für Roggensauerteig

Hefevorteig
100 Dinkelmehl 630
100 g Wasser
2 g frische Hefe

Kochstück
30 g Dinkelvollkornmehl
5 g Flohsamenschalen
200 g Wasser

Hauptteig
Roggensauerteig
Hefevorteig
Kochstück
220 g Dinkelmehl 630
100 g Roggenmehl 1150
2 g frische Hefe
1 TL Zuckerrübensirup
10 g Salz
20 g Sonnenblumenöl

ROGGENSAUERTEIG

Das Anstellgut im Wasser auflösen und das Mehl untermischen. Den Teig abgedeckt 16–18 Stunden bei Raumtemperatur gehen lassen.

HEFEVORTEIG

Die Hefe im Wasser auflösen und das Dinkelmehl unterrühren. 10–12 Stunden gehen lassen.

KOCHSTÜCK

Das Mehl und die Flohsamenschalen mit dem Wasser glattrühren und aufkochen. Kurz kochen lassen, bis die Masse andickt. 2–3 Stunden abkühlen lassen.

HAUPTTEIG

MISCHEN UND KNETEN Roggensauerteig, Hefevorteig und Kochstück sowie alle weiteren Zutaten für den Hauptteig in die Schüssel der Knetmaschine geben und auf der kleinsten Stufe 7 Minuten mischen. Auf der höchsten Stufe für Hefeteig 2 Minuten kneten, bis sich der Teig vom Schüsselrand löst.

STOCKGARE Den Teig in eine leicht geölte Schüssel mit Deckel geben und rundum einmal von außen zur Mitte hin falten. Den Teig umdrehen und abgedeckt 3 Stunden gehen lassen. Zwischendurch nach 1 und 2 Stunden nochmal rundum falten und umdrehen.

FORMEN Den Teig auf eine leicht bemehlte Unterlage geben, nochmal rundum zur Mitte hin falten, umdrehen und rundwirken. 10 Minuten stehen lassen. Langwirken und mit dem Schluss nach oben in einen bemehlten länglichen Gärkorb geben.

STÜCKGARE Den Teig 45–60 Minuten abgedeckt gehen lassen. Nach 45 Minuten die Fingerprobe machen.

BACKEN

Den Backofen auf 250 °C Ober- und Unterhitze vorheizen, ein Backblech mit aufheizen. Dieses aus dem Backofen nehmen und den Teigling aus dem Gärkorb auf das Blech stürzen, dann den Teig einschneiden. Das Backblech auf die mittlere Schiene in den Backofen schieben. Backofen schwaden und die Tür verschließen. Nach 15 Minuten den Dampf ablassen und den Backofen auf 200 °C herunterschalten. Weitere 30–35 Minuten backen.

DINKELCHEN IM TOPF

Dieses Dinkel-Topfbrot bekommt ein Kochstück, das mehr Feuchtigkeit in die Krume bringt, die Frischhaltung verbessert und für ein besseres Volumen sorgt. Die komplette Schüttflüssigkeit wird im Hefevorteig und Kochstück verarbeitet. Sollte Ihr Teig nach dem Kneten noch zu weich sein, geben Sie einfach 1 TL Flohsamenschalen, Chiasamen oder geschroteten Leinsamen dazu. Alle Zutaten nehmen sehr viel Flüssigkeit auf und sind immer ein Mittel der Wahl, wenn ein Teig zu weich geworden ist.

Zubereitungszeit: 17–19 Stunden
Stockgare: 3 Stunden
Stückgare: 60 Minuten
Backzeit: 50 Minuten

ZUTATEN FÜR 1 BROT, ca. 750 g

Hefevorteig
100 g Dinkelvollkornmehl
100 g Wasser
1 g frische Hefe

Kochstück
50 g Dinkelvollkornmehl
250 g Wasser

Hauptteig
Hefevorteig
Kochstück
350 g Dinkelmehl 630
3 g frische Hefe
1 TL Honig
10 g Salz

HEFEVORTEIG

Die Hefe im Wasser auflösen und das Mehl untermischen. Den Teig abgedeckt 12–14 Stunden bei Raumtemperatur gehen lassen.

KOCHSTÜCK

Das Mehl mit dem Wasser glattrühren und aufkochen. Kurz kochen lassen, bis die Masse andickt. 2–3 Stunden abkühlen lassen.

HAUPTTEIG

MISCHEN UND KNETEN Hefevorteig und Kochstück sowie alle weiteren Zutaten für den Hauptteig in die Schüssel der Knetmaschine geben und auf der kleinsten Stufe 7 Minuten mischen. Auf der höchsten Stufe für Hefeteig 2 Minuten kneten, bis sich der Teig vom Schüsselrand löst.

STOCKGARE Den Teig in eine leicht geölte Schüssel mit Deckel geben und rundum einmal von außen zur Mitte hin falten. Den Teig umdrehen und abgedeckt 3 Stunden gehen lassen. Zwischendurch nach 1 und 2 Stunden nochmal rundum falten und wieder umdrehen.

FORMEN Den Teig auf eine leicht bemehlte Unterlage geben, nochmal rundum zur Mitte hin falten, umdrehen und rundwirken. Mit dem Schluss nach unten in einen bemehlten runden Gärkorb geben.

STÜCKGARE Den Teig 60 Minuten abgedeckt gehen lassen. Nach 45 Minuten die Fingerprobe machen.

BACKEN

Den Backofen auf 250 °C Ober- und Unterhitze vorheizen, einen gusseisernen runden Topf inkl. Deckel mit aufheizen. Den Topf herausnehmen und Deckel abnehmen. Den Teigling aus dem Gärkorb vorsichtig in den Topf fallen lassen. Diesen verschließen und auf die unterste Schiene stellen. Backofen auf 220 °C herunterschalten und 50 Minuten backen. Die letzten 10 Minuten kann der Deckel abgenommen werden.

RUSTIKALER BUTTERMILCHLAIB

Durch das Quellstück aus geröstetem Altbrot, Leinsamen und geriebenem Apfel bekommt dieses Brot einen tollen Geschmack und eine lange Frischhaltung. Beim Quellstück werden die Zutaten mit Buttermilch vermischt und bleiben 2–3 Stunden stehen. Sollten Sie kein Altbrot zur Verfügung haben, können Sie alternativ Semmelbrösel verwenden und diese vorher in einer Pfanne trocken rösten.

Zubereitungszeit: 10 Stunden
Stockgare: 4 Stunden
Stückgare: 60–90 Minuten
Backzeit: 45–50 Minuten

ZUTATEN FÜR 1 BROT, ca. 1000 g

Hefevorteig
100 g Weizenmehl 1050
100 g Wasser
3 g frische Hefe

Quellstück
100 g Altbrot geröstet
20 g Leinsamen geschrotet
½ Apfel gerieben
200 g Buttermilch

Hauptteig
Hefevorteig
Quellstück
100 g Weizenvollkornmehl
200 g Weizenmehl 1050
100 g Roggenmehl 1150
100 g Buttermilch
35 g Wasser
2 TL Zuckerrübensirup
2 g frische Hefe
12 g Salz
10 g Sonnenblumenöl

HEFEVORTTEIG

Die Hefe im Wasser auflösen und das Mehl untermischen. Den Teig abgedeckt 3 Stunden bei Raumtemperatur gehen lassen.

QUELLSTÜCK

Altbrot mit den Leinsamen mischen und den geriebenen Apfel mit der Buttermilch untermischen. 2–3 Stunden quellen lassen.

HAUPTTEIG

MISCHEN UND KNETEN Hefevorteig und Quellstück sowie alle weiteren Zutaten für den Hauptteig, außer Wasser und Öl, in die Schüssel der Knetmaschine geben und auf der kleinsten Stufe 3 Minuten mischen. Auf der höchsten Stufe für Hefeteig 8 Minuten kneten, bis sich der Teig vom Schüsselrand löst. Nach 4–5 Minuten eventuell das Wasser schluckweise dazugeben und mit unterkneten. Nach 6 Minuten das Öl zugeben und unterkneten.

STOCKGARE Den Teig in eine leicht geölte Schüssel mit Deckel geben und rundum einmal von außen zur Mitte hin falten. Den Teig umdrehen und abgedeckt 4 Stunden gehen lassen. Zwischendurch nach 1 und 2 Stunden nochmal rundum falten und wieder umdrehen.

FORMEN Den Teig auf eine leicht bemehlte Unterlage geben, nochmal rundum zur Mitte hin falten, umdrehen und rundwirken. Mit dem Schluss nach unten in einen bemehlten Gärkorb geben.

STÜCKGARE Den Teig 60–90 Minuten abgedeckt gehen lassen. Nach 60 Minuten die Fingerprobe machen.

BACKEN

Den Backofen auf 250 °C Ober- und Unterhitze vorheizen, ein Backblech mit aufheizen. Dieses aus dem Backofen nehmen und den Teigling aus dem Gärkorb auf das Blech stürzen. Das Backblech auf die mittlere Schiene in den Backofen schieben. Backofen schwaden und die Tür verschließen. Nach 15 Minuten den Dampf ablassen und den Backofen auf 200 °C herunterschalten. Weitere 30–35 Minuten backen.

RUSTIKALE NUSSKRUSTE

Nüsse passen ganz wunderbar in Brotteige. Würde man sie direkt zum Teig geben, würden sie diesem Feuchtigkeit entziehen. Daher kommen sie in diesem Rezept vorher zusammen mit geriebenem Apfel, Kürbiskernen und geröstetem Altbrot in ein Quellstück. Als Vorteig habe ich einen Roggensauerteig angesetzt, obwohl im Hauptteig nur Weizen- und Dinkelmehl ist. Dadurch wird das Brot noch etwas rustikaler.

Zubereitungszeit: 22–24 Stunden
Stockgare: 4 Stunden
Stückgare: 60–90 Minuten
Backzeit: 45–50 Minuten

ZUTATEN FÜR 1 BROT, ca. 1100 g

Roggensauerteig
100 g Roggenvollkornmehl
100 g Wasser
25 g Anstellgut für Roggensauerteig

Quellstück
1 Apfel, ca. 100 g
50 g Walnüsse in groben Stücken
50 g Haselnüsse
35 g Kürbiskerne
50 g geröstetes Altbrot
200 g Wasser

Hauptteig
Roggensauerteig
Quellstück
150 g Dinkelmehl 630
180 g Weizenmehl 1050
100 g Weizenvollkornmehl
75 g Joghurt
1 TL Zuckerrübensirup
12 g Salz
5 g frische Hefe

ROGGENSAUERTEIG

Das Anstellgut im Wasser auflösen und das Mehl untermischen. Den Teig abgedeckt 16-18 Stunden bei Raumtemperatur gehen lassen.

QUELLSTÜCK

Nüsse und Kürbiskerne trocken in einer Pfanne rösten, bis sie etwas Farbe annehmen. Den Apfel reiben und mit dem Altbrot zu der Nussmischung geben. Mit kaltem Wasser vermischen und 4 Stunden ziehen lassen.

HAUPTTEIG

MISCHEN UND KNETEN Roggensauerteig und Quellstück sowie alle weiteren Zutaten für den Hauptteig, außer 40 g Joghurt, in die Schüssel der Knetmaschine geben und auf der kleinsten Stufe 3 Minuten mischen. Auf der höchsten Stufe für Hefeteig 6 Minuten kneten, bis sich der Teig vom Schüsselrand löst. Nach 3–4 Minuten eventuell den restlichen Joghurt löffelweise dazugeben und mit unterkneten.

STOCKGARE Den Teig in eine leicht geölte Schüssel mit Deckel geben und rundum einmal von außen zur Mitte hin falten. Den Teig umdrehen und abgedeckt 4 Stunden gehen lassen. Zwischendurch nach 1 und 2 Stunden nochmal rundum falten und wieder umdrehen.

FORMEN Den Teig auf eine leicht bemehlte Unterlage geben, nochmal rundum zur Mitte hin falten, umdrehen und rundwirken. Den Teig 10 Minuten ruhen lassen, umdrehen und langwirken. Mit dem Schluss nach oben in einen bemehlten Gärkorb geben.

STÜCKGARE Den Teig 60–90 Minuten abgedeckt gehen lassen. Nach 60 Minuten die Fingerprobe machen.

BACKEN

Den Backofen auf 250 °C Ober- und Unterhitze vorheizen, ein Backblech mit aufheizen. Dieses aus dem Backofen nehmen, den Teigling aus dem Gärkorb auf das Blech stürzen und einschneiden. Das Backblech auf die mittlere Schiene in den Backofen schieben. Backofen schwaden und die Tür verschließen. Nach 15 Minuten den Dampf ablassen und den Backofen auf 200 °C herunterschalten. Weitere 30–35 Minuten backen.

Tipp: Sie können bei jedem Sauerteigrezept anstelle von Roggen-Anstellgut auch Weizen- oder Dinkel-Anstellgut verwenden oder umgekehrt.

KAROTTEN-KÜRBISKERN-BROT

Gemüsesorten wie Zucchini, Karotten, Kürbis oder Kartoffeln eignen sich sehr gut für Brotteige. Hier kommen geriebene Karotten, geröstete Kürbiskerne und Altbrot in ein Brühstück. Das Brühstück wird, im Gegensatz zum Quellstück, mit sehr heißem oder kochendem Wasser zubereitet, so können die Zutaten noch besser die Flüssigkeit aufnehmen. Das Brühstück kann bereits am Vortag zubereitet und kühlgestellt werden.

Zubereitungszeit: 22–24 Stunden
Stockgare: 3 Stunden
Stückgare: 60–90 Minuten
Backzeit: 45–50 Minuten

ZUTATEN FÜR 1 BROT, ca. 1000 g

Weizensauerteig (versäuerter Hefevorteig)
100 g Weizenvollkornmehl
100 g Wasser
25 g Anstellgut für Weizensauerteig
1 g frische Hefe

Brühstück
100 g Karotten
70 g Kürbiskerne
50 g geröstetes Altbrot
150 g Wasser

Hauptteig
Weizensauerteig
Brühstück
200 g Weizenmehl 1050
100 g Dinkelmehl 1050
100 g Roggenmehl 1150
100 g Wasser
1 TL Zuckerrübensirup
12 g Salz
3 g frische Hefe
20 g Sonnenblumenöl

WEIZENSAUERTEIG

Das Anstellgut und Hefe im Wasser auflösen und das Mehl untermischen. Den Teig abgedeckt 16–18 Stunden bei Raumtemperatur gehen lassen.

BRÜHSTÜCK

Die Kürbiskerne trocken in einer Pfanne rösten, bis sie etwas Farbe annehmen und duften. Die Karotte reiben und mit dem Altbrot und den Kürbiskernen mischen. Mit kochendem Wasser übergießen, alles vermischen und 3–4 Stunden ziehen lassen.

HAUPTTEIG

MISCHEN UND KNETEN Weizensauerteig und Brühstück sowie alle weiteren Zutaten für den Hauptteig, außer 30 g Wasser und Sonnenblumenöl, in die Schüssel der Knetmaschine geben und auf der kleinsten Stufe 4 Minuten mischen. Auf der höchsten Stufe für Hefeteig 6 Minuten kneten, bis sich der Teig vom Schüsselrand löst. Nach 2 Minuten eventuell das restliche Wasser schluckweise dazugeben und mit unterkneten. Nach 4 Minuten das Öl zugeben und mit unterkneten.

STOCKGARE Den Teig in eine leicht geölte Schüssel mit Deckel geben und rundum einmal von außen zur Mitte hin falten. Den Teig umdrehen und abgedeckt 3 Stunden gehen lassen. Zwischendurch nach 1 und 2 Stunden nochmal rundum falten und wieder umdrehen.

FORMEN Den Teig auf eine leicht bemehlte Unterlage geben. Rundwirken und mit dem Schuss nach oben in einen runden Gärkorb legen.

STÜCKGARE Den Teig 60–90 Minuten abgedeckt gehen lassen. Nach 60 Minuten die Fingerprobe machen.

BACKEN

Den Backofen auf 250 °C Ober- und Unterhitze vorheizen, ein Backblech mit aufheizen. Dieses aus dem Backofen nehmen, den Teigling auf das Blech stürzen und einschneiden. Das Backblech auf die mittlere Schiene in den Backofen schieben. Backofen schwaden und die Tür verschließen. Nach 15 Minuten den Dampf ablassen und den Backofen auf 200 °C herunterschalten. Weitere 30–35 Minuten backen.

ZUCCHINI-NUSS-KRUSTE

Zucchini sind wie Karotten oder Kartoffeln ein tolles Gemüse, um Saftigkeit ins Brot zu bringen und es gehaltvoller zu machen. In diesem Brot werden sie zusammen mit Nüssen, Haferflocken und Sonnenblumenkernen in ein Brühstück verpackt. Das Brühstück kann wie der Hefevorteig bereits am Vorabend angesetzt und über Nacht gekühlt werden. Dazu kann man die ganze Salzmenge bereits mit ins Brühstück geben, so wird eine Fremdgärung vermieden.

Zubereitungszeit: 18–20 Stunden
Stockgare: 3 Stunden
Stückgare: 60–90 Minuten
Backzeit: 45–50 Minuten

ZUTATEN FÜR 1 BROT, ca. 1150 g

Gesäuerter Hefevorteig
100 g Weizenmehl 550
100 g Wasser
20 g Anstellgut für Weizensauerteig
3 g frische Hefe

Brühstück
50 g Sonnenblumenkerne
50 g Vollkornhaferflocken
50 g Haselnüsse
200 g Zucchini, gerieben
14 g Salz
160 g Wasser

Hauptteig
gesäuerter Hefevorteig
Brühstück
200 g Weizenmehl 550
150 g Weizenvollkornmehl
100 g Roggenmehl 1150
2 g frische Hefe
90 g Joghurt
1 TL Zuckerrübensirup

GESÄUERTER HEFEVORTEIG

Die Hefe und das Anstellgut im Wasser auflösen und das Mehl untermischen. Den Teig abgedeckt 12–14 Stunden bei Raumtemperatur gehen lassen.

BRÜHSTÜCK

Die Sonnenblumenkerne, Flocken und Nüsse trocken in einer Pfanne rösten, bis sie etwas Farbe annehmen und duften. Die Zucchini mit den Nüssen, Flocken, Kernen und Salz mischen. Mit kochendem Wasser übergießen, alles vermischen und 3–4 Stunden ziehen lassen.

HAUPTTEIG

MISCHEN UND KNETEN Gesäuerten Hefevorteig und Brühstück sowie alle weiteren Zutaten für den Hauptteig in die Schüssel der Knetmaschine geben und auf der kleinsten Stufe 4 Minuten mischen. Auf der höchsten Stufe für Hefeteig 10 Minuten kneten.

STOCKGARE Den Teig in eine leicht geölte Schüssel mit Deckel geben und rundum einmal von außen zur Mitte hin falten. Den Teig umdrehen und abgedeckt 3 Stunden gehen lassen. Zwischendurch nach 1 und 2 Stunden nochmal rundum falten und wieder umdrehen.

FORMEN Den Teig auf eine leicht bemehlte Unterlage geben. Rundwirken und mit dem Schluss nach oben in einen bemehlten runden Gärkorb legen.

STÜCKGARE Den Teig 60–90 Minuten abgedeckt gehen lassen. Nach 45 Minuten die Fingerprobe machen.

BACKEN

Den Backofen auf 250 °C Ober- und Unterhitze vorheizen, ein Backblech mit Backfolie oder Backpapier mit aufheizen. Das Blech herausnehmen, den Teigling aus dem Gärkorb auf das Backblech stürzen und einschneiden. Das Blech auf die mittlere Schiene in den Backofen schieben und den Backofen schwaden. Nach 15 Minuten den Dampf ablassen und den Backofen auf 200 °C herunterschalten. Weitere 30–35 Minuten backen.

BROT BACKEN MIT LIEVITO MADRE

WAS IST LIEVITO MADRE?

Lievito Madre, abgekürzt LM, ist ein milder, fest geführter italienischer Sauerteig. In Italien kennt man ihn auch als Mutterhefe. Er wird mit Mehl und Wasser angesetzt, beim ersten Ansetzen mit ganz wenig Olivenöl und Honig. Sie fragen sich vielleicht: Warum denn jetzt noch ein Sauerteig?

Lievito Madre ist mein persönlicher Favorit für alle Arten von Teig. Er kommt bei mir in den Pizzateig, in Brot- und Brötchenteige und sogar in alle süßen Hefeteige. Mit LM kann sowohl Hefe wie auch Sauerteig ersetzt werden, er hat eine enorme Triebkraft. Sogar Roggenbrote können damit gebacken werden.

Es gibt unterschiedliche Methoden, einen Lievito anzusetzen. Wenn er erst mal fertig ist, wird er genau wie jeder andere Sauerteig gepflegt, also alle 1–2 Wochen gefüttert. Der einzige Unterschied ist die Festigkeit. Herkömmliche Sauerteige werden mit Mehl und Wasser im Verhältnis 1 zu 1 gefüttert, Lievito dagegen bekommt 2 Teile Mehl und 1 Teil Wasser, er ist also ziemlich fest.

Lievito Madre kann als eigenständiger Hefevorteig oder Sauerteig angesetzt oder aber auch einfach dem Hauptteig zugegeben werden. Dabei ist es möglich, den LM direkt aus dem Kühlschrank zu nehmen, wenn der Hauptteig lange geht. Ansonsten wird er mindestens 4–5 Stunden vorher gefüttert, damit er mehr Triebkraft entwickelt.

LIEVITO FRISCH angesetzt (links) und nach 4–5 Stunden Gehzeit (rechts).

LIEVITO MADRE SELBST ANSETZEN

Die Herstellung von Lievito Madre (LM) ist sehr einfach. Es gibt allerdings verschiedene Methoden, ihn anzusetzen:

25-TAGE-METHODE

Nach dieser Methode haben die meisten Hobbybäcker ihren LM angesetzt. Er wird über 25 Tage nach einem bestimmten Schema zunächst bei Raumtemperatur angesetzt und später im Kühlschrank weiter gefüttert, bis er fertig ist.

SCHNELLER LIEVITO MADRE IN 5 TAGEN

Mit dieser Methode ist es möglich, in ganz kurzer Zeit einen triebstarken LM anzusetzen. Sie ist eine tolle Alternative, um schnell einen LM zur Verfügung zu haben und vor allem eine tolle Möglichkeit für Ungeduldige. Einzige Voraussetzung ist, dass der Teig durchgehend warm steht. Daher eignet sich der Sommer mit warmen Tagen gut. Genauso gut geht er aber im Winter auf – neben der Heizung oder in einer Gärbox bei ca. 26–28 °C. Ein paar Stunden am Tag oder die Nacht mit kühleren Temperaturen sind kein Problem.

EVA-LIEVITO-MADRE

EVA ist ein getrocknetes LM-Pulver, das man kaufen kann. Es wird mit Wasser angesetzt und ist innerhalb von 2 Tagen ein fertiger Lievito Madre. In Italien kann man Lievito Madre in Pulverform in fast allen Supermärkten kaufen. EVA ist jedoch die beste Version, die ich kenne.

HEFEWASSER-LIEVITO

Aus selbst angesetztem Hefewasser kann ebenfalls innerhalb von einigen Tagen ein Lievito angesetzt werden. Wie das geht, zeige ich Ihnen im Kapitel „Brotbacken mit Wildhefe“ (Seite 135).

Damit Sie nicht alle Möglichkeiten probieren oder sich für eine entscheiden müssen, zeige ich Ihnen hier die 5-Tage-Methode und auf Seite 135 das Ansetzen von Hefewasser-LM. Am einfachsten anzusetzen ist er in einem etwas größeren geraden Weckglas mit Deckel oder in einem Schraubglas. Ich bevorzuge Weckgläser, da sie viel einfacher sauber zu machen sind und im Kühlschrank gestapelt werden können.

LIEVITO MADRE IN 5 TAGEN

Wie schon beschrieben sollte der Teig die meiste Zeit warm stehen. Optimal für ein gutes Gelingen sind 26–28 °C. Wärmer als 30 °C sollte es nicht sein. Falls es nicht warm genug und die Heizung gerade keine Option ist, können Sie das Glas beispielsweise in ein Handtuch packen und auf eine Wärmflasche stellen. Manche packen das dann noch tagsüber unter die Bettdecke.

TAG 1

110 g Weizenmehl 550
50 g Wasser
1 TL Olivenöl
1 TL Honig

Wasser, Olivenöl und Honig vermischen, anschließend das Mehl unterkneten. Der Teig sollte so fest sein, dass er sich von Hand zu einer Kugel formen lässt, ohne zu sehr an den Fingern zu kleben. Sie können also noch etwas mehr Mehl unterkneten, wenn dies nötig ist. Abgedeckt 24 Stunden stehen lassen.

TAG 2

24 STUNDEN SPÄTER

100 g vom ersten Ansatz von Tag 1
50 g Wasser
110 g Weizenmehl 550

Alle Zutaten gründlich verkneten, zu einer Kugel formen und wieder in das Glas geben. 12 Stunden warm gehen lassen.

12 STUNDEN SPÄTER

100 g vom Ansatz
50 g Wasser
110 g Weizenmehl 550

Alle Zutaten gründlich verkneten, zu einer Kugel formen und wieder in das Glas geben. Nochmal 12 Stunden warm gehen lassen.

TAG 3

12 STUNDEN SPÄTER

100 g vom Ansatz vom Vortag
50 g Wasser
110 g Weizenmehl 550

Alle Zutaten gründlich verkneten, zu einer Kugel formen und in das Glas geben. 24 Stunden warm gehen lassen.

TAG 4

24 STUNDEN SPÄTER

100 g vom Ansatz vom Vortag
50 g Wasser
110 g Weizenmehl 550

Alle Zutaten gründlich verkneten, zu einer Kugel formen und in das Glas geben. 12 Stunden warm gehen lassen.

12 STUNDEN SPÄTER

100 g vom Ansatz
50 g Wasser
110 g Weizenmehl 550

Wieder alle Zutaten gründlich verkneten, zu einer Kugel formen und in das Glas geben. 12 Stunden warm gehen lassen.

TAG 5

12 STUNDEN SPÄTER

100 g vom Ansatz vom Vortag
50 g Wasser
110 g Weizenmehl 550

Alle Zutaten gründlich verkneten, zu einer Kugel formen und in das Glas geben. Warm gehen lassen. Nach 6 Stunden sollte sich der Teig mindestens verdoppeln.

6 STUNDEN SPÄTER

110 g Weizenmehl
50 g Wasser

Dann wird der komplette Teig nochmal mit Weizenmehl und Wasser verknetet und weitere 4–6 Stunden warm gehen gelassen. Er sollte sich dann schon gut verdreifachen und eine zunehmend gröbere Porung bekommen. Sollte das nicht der Fall sein, können Sie die letzte Fütterung noch 1- bis 2-mal wiederholen.

Die Reste, die nach dem jeweiligen Füttern übrig bleiben, können Sie im Kühlschrank sammeln und nach und nach zu Ihren Brotteigen geben. Einfach bis zu 100 g bei einem beliebigen Teig dazugeben und eine Prise mehr Salz.

FERTIGER Lievito Madre: Ansatz (rechts) und nach 3–4 Stunden Gehzeit (links).

PFLEGE UND VERWENDUNG VON LIEVITO MADRE

Wie beim Sauerteig ist die richtige Pflege Ihres Lievito Madre wichtig, wenn Sie lange Freude daran haben möchten. Es hört sich am Anfang ein wenig kompliziert an, ist aber nach einem mehrwöchigen Umgang ganz einfach.

LIEVITO MADRE FÜTTERN

Wenn Sie Ihren LM wöchentlich benutzen, reicht es aus, ihn 4–12 Stunden vorher mit der Menge zu füttern, die Sie benötigen. Ich bewahre nur 200 g Lievito im Kühlschrank auf und füttere ihn mit der Menge, die ich für den nächsten Teig brauche, immer im Verhältnis 2 Teile Mehl und 1 Teil Wasser bzw. ein klein bisschen mehr Mehl, damit er nicht so klebt.

BEISPIEL: Es werden 120 g Lievito benötigt: Der gesamte LM-Ansatz, sagen wir mal 200 g, wird mit 90 g Mehl (2 Teile plus etwas mehr Mehl) und 40 g Wasser (1 Teil) gefüttert. Nach 4–12 Stunden werden die 120 g abgenommen und der restliche LM, wieder etwa 200 g, wird in den Kühlschrank zurückgestellt.

Sie können jede beliebige Menge füttern, auch eine wesentlich größere Menge, wenn Sie mal mehr davon benötigen.

Wenn Ihr Lievito ganz besonders aktiv werden soll, können Sie ihn aufschlagen. Dazu geben Sie ihn entweder in die Schüssel der Teigmaschine, wenn Sie einen Schneebesen dafür haben, oder in eine Schüssel, um ihn mit dem Rührgerät oder einem Schneebesen aufzuschlagen. Dann kommt die Wassermenge dazu und alles wird einige Minuten aufgeschlagen, damit Luft in die Masse kommt. Erst danach wird das Mehl untergeknetet. Fertig ist er immer dann, wenn er sich mindestens um das Zwei- bis Dreifache vergrößert hat.

Am einfachsten ist das Füttern in der Knetmaschine. Sie können ihn dann auch ruhig mal einige Minuten kneten. Wenn Sie seltener als einmal wöchentlich LM benötigen, sollten Sie ihn ungefähr alle 10–14 Tage einmal füttern. Dazu reicht eine kleine Menge von 20 g Mehl und 10 g Wasser pro 100 g Lievito. Er übersteht aber in Urlaubszeiten auch mal 3–4 Wochen ohne Füttern.

LIEVITO MADRE VERWENDEN

Bei Übernachtteigen kann LM direkt aus dem Kühlschrank zugegeben werden. In allen anderen Fällen wird der Ansatz aus dem Kühlschrank 4–12 Stunden vorher gefüttert. Der Teig kann gefüttert bis zu 24 Stunden bei Raumtemperatur stehen bleiben und ist dann noch aktiv.

LM passt zu allen Brotteigen, zu Pizzateig, Focaccia, Baguette oder Brötchen. Sogar süße Hefeteige können damit angesetzt werden. Lievito kann entweder nach dem Füttern und Gehen direkt zum Teig gegeben oder wie ein Sauerteig oder Hefevorteig angesetzt werden. Bei Übernachtgare reicht er als alleiniges Triebmittel, wenn er aktiv genug ist.

DOSIERUNG VON LIEVITO MADRE

Wie viel Lievito Sie für Ihren Teig benötigen ist von der Art der Verwendung abhängig.

ALS ALLEINIGES TRIEBMITTEL Dazu können Sie Ihren LM zwei- bis dreimal im Abstand von 4 Stunden füttern und bei Raumtemperatur stehen lassen. Die Menge an LM sollte 20–30 % der Mehlmenge betragen, bei 500 g Mehl braucht man also 100–150 g Lievito.

ALS ZUSÄTZLICHES TRIEBMITTEL MIT HEFE, SAUERTEIG ODER HEFEWASSER In diesem Fall wird er ebenfalls mindestens 4 Stunden vorher einmal gefüttert. Pro 500 g Mehl benötigen Sie 50–100 g Lievito, also 10–20 % der Mehlmenge.

ALS SAUERTEIG-ERSATZ Um mit LM einen Sauerteig anzusetzen, nehmen Sie 10 % der Gesamtmehlmenge und setzen den LM mit Mehl und Wasser an. Bei 500 g Mehl wären das 50 g LM und jeweils 100 g Mehl und Wasser. Der Teig bleibt 12–24 Stunden bei Raumtemperatur stehen.

BEI ÜBERNACHTGARE Wenn Ihr Teig 12–24 Stunden oder noch länger geht, kann LM direkt aus dem Kühlschrank in der benötigten Menge zum Teig gegeben werden. Hier reichen 10 % der Gesamtmehlmenge aus, bei 500 g Mehl also 50 g LM.

LM kann im Prinzip nicht überdosiert werden. Sie können jederzeit eine größere Menge nehmen. Wenn Sie eigene Rezepte machen oder Lievito einfach zu einem beliebigen Rezept dazugeben, kann noch etwas mehr Salz in den Teig: pro 100 g Lievito ungefähr 1–2 g Salz.

LIEVITO MADRE, frisch gefüttert und eingeschnitten (links) und nach ca. 4 Stunden aufgegangen (rechts).

ITALIENISCHES LANDBROT

Lievito Madre kann als alleiniges Triebmittel genutzt werden, wenn Sie einen 2-Stufen-Vorteig damit ansetzen. So benötigt der Teig keinerlei andere Triebmittel. Damit viel Aroma ins Brot kommt, wird der fertige Teig nach einer 2-stündigen Stockgare bei Raumtemperatur weitere 10–14 Stunden in den Kühlschrank gestellt.

Zubereitungszeit: 26–30 Stunden
Stockgare: 14–16 Stunden
Stückgare: 45–60 Minuten
Backzeit: 45–50 Minuten

ZUTATEN FÜR 1 BROT, ca. 800 g

Lievito-Vorteig
130 g Weizenmehl 550
100 g Wasser
60 g Lievito Madre aus dem Kühlschrank

Hauptteig
Lievito-Vorteig
170 g Weizenmehl 550
200 g Weizenmehl 1050
180 g Wasser
1 TL Honig
12 g Salz
30 g Olivenöl

LIEVITO-VORTEIG

LM in 50 g Wasser auflösen und 50 g Mehl untermischen. 6 Stunden bei Raumtemperatur gehen lassen. Restliches Wasser und Mehl unterkneten und weitere 4 Stunden bei Raumtemperatur gehen lassen.

HAUPTTEIG

MISCHEN UND KNETEN Lievito-Vorteig sowie alle weiteren Zutaten für den Hauptteig, außer 30 g Wasser und Olivenöl, in die Schüssel der Knetmaschine geben und auf der kleinsten Stufe 1 Minute mischen. Auf der höchsten Stufe für Hefeteig 10 Minuten kneten, bis sich der Teig vom Schüsselrand löst. Nach 5 Minuten eventuell das restliche Wasser schluckweise dazugeben und unterkneten. Nach 7 Minuten das Olivenöl langsam dazugießen und mit unterkneten.

1

STOCKGARE Den Teig in eine leicht geölte Schüssel mit Deckel geben und rundum einmal von außen zur Mitte hin falten. Den Teig umdrehen und abgedeckt 2 Stunden bei Raumtemperatur stehen lassen. Nochmal falten und 10–14 Stunden kühl stellen.

2

FORMEN Den Teig aus dem Kühlschrank nehmen und 2 Stunden stehen lassen. Auf eine leicht bemehlte Unterlage geben, zu einem länglichen Fladen drücken und ziehen lassen (1). Diesen von der schmalen Seite her aufrollen (2). Mit dem Schluss nach unten auf Backfolie oder Backpapier legen.

STÜCKGARE Den Teig 45–60 Minuten abgedeckt gehen lassen. Nach 45 Minuten die Fingerprobe machen.

BACKEN

Den Backofen auf 250 °C Ober- und Unterhitze vorheizen, ein Backblech mit aufheizen. Den Teigling einschneiden. Das Backblech aus dem Backofen nehmen und den Teigling mit dem Backpapier auf das Blech ziehen. Dieses auf die mittlere Schiene in den Backofen schieben. Backofen schwaden und die Tür verschließen. Nach 15 Minuten den Dampf ablassen und bei 200 °C weitere 30–35 Minuten backen.

BIERBROT „NO-KNEAD" IM TOPF

Ein No-Knead-Brot (engl. knead = kneten) ist die einfachste Art, Brot zu backen. Der Teig wird am Vortag nur mit einem Kochlöffel angerührt, bis keine Mehlnester mehr zu sehen sind und anschließend 20–24 Stunden bei Raumtemperatur stehen gelassen. Er wird am nächsten Tag 1–2 Stunden vor Backbeginn nochmal locker gefaltet, rundgewirkt und darf noch 1–2 Stunden ins Gärkörbchen. Dann wird er in einem gusseisernen Topf gebacken.

Zubereitungszeit: 22–26 Stunden
Stockgare: 20–24 Stunden
Stückgare: 60–90 Minuten
Backzeit: 45–50 Minuten

ZUTATEN FÜR 1 BROT, ca. 925 g

200 g Weizenmehl 1050
100 g Dinkelmehl 630
100 g Dinkelvollkornmehl
150 g Weizenmehl 550
80 g Lievito Madre aus dem Kühlschrank
1 g frische Hefe
80 g Wasser
1 TL Honig
300 g Bier
20 g Sonnenblumenöl
14 g Salz

TEIG

MISCHEN Lievito Madre, Hefe, Wasser, Honig, Bier und Sonnenblumenöl in einer großen Schüssel mit einem Kochlöffel verrühren. Mehl und Salz dazugeben und untermischen, bis keine Mehlnester mehr zu sehen sind. Das Kneten entfällt bei diesem Rezept.

STOCKGARE Den Teig in der Schüssel abgedeckt bei nicht zu warmer Raumtemperatur 20–24 Stunden stehen lassen, so wie es zeitlich am besten passt.

FORMEN Den Teig auf eine bemehlte Backunterlage geben, ohne viel Druck falten und rundwirken. Mit dem Schluss nach unten in einen runden bemehlten Gärkorb legen.

STÜCKGARE Abgedeckt 60–90 Minuten bei Raumtemperatur gehen lassen. Nach 60 Minuten die Fingerprobe machen.

BACKEN

Den Backofen auf 250 °C Ober- und Unterhitze vorheizen, einen gusseisernen runden Topf inkl. Deckel mit aufheizen. Den Topf herausnehmen und Deckel abnehmen. Den Teigling aus dem Gärkorb direkt in den Topf fallen lassen, dabei den Fall etwas mit den Fingern abbremsen. Den Topf verschließen und auf die unterste Schiene stellen. Backofen auf 220 °C herunterschalten und 50 Minuten backen. Die letzten 10 Minuten kann der Deckel abgenommen werden.

CIDRE-KRÜSTCHEN

Lievito Madre kann sehr gut mit anderen Triebmitteln kombiniert werden. Zusammen mit Roggensauerteig und etwas Hefe verbringt er wahre Wunder und macht die Krume schön locker. Einen sehr interessanten Geschmack bekommt dieses Brot durch ein Quellstück mit geröstetem Altbrot, Leinsamen und Cidre. Sie können alternativ auch Apfelsaft nehmen.

Zubereitungszeit: 23–25 Stunden
Stockgare: 3 Stunden
Stückgare: 60–90 Minuten
Backzeit: 45–50 Minuten

ZUTATEN FÜR 1 BROT, ca. 1000 g

Roggensauerteig
100 g Roggenvollkornmehl
100 g Wasser
25 g Anstellgut für Roggensauerteig

Quellstück
50 g geröstetes Altbrot
20 g Leinsamen geschrotet
150 g Cidre, alternativ Apfelsaft

Hauptteig
Roggensauerteig
Quellstück
100 g Weizenmehl 550
200 g Weizenmehl 1050
100 g Roggenvollkornmehl
150 g Wasser
150 g Lievito Madre, 4 Stunden vorher aufgefrischt
2 g frische Hefe
1 TL Zuckerrübensirup
12 g Salz

ROGGENSAUERTEIG

Das Anstellgut im Wasser auflösen und Mehl untermischen. 18–20 Stunden bei Raumtemperatur gehen lassen.

QUELLSTÜCK

Das Altbrot mit den Leinsamen mischen und mit dem Cidre übergießen. 3–4 Stunden quellen lassen.

HAUPTTEIG

MISCHEN UND KNETEN Roggensauerteig und Quellstück sowie alle weiteren Zutaten für den Hauptteig, außer 30 g Wasser, in die Schüssel der Knetmaschine geben und auf der kleinsten Stufe 3 Minuten mischen. Auf der höchsten Stufe für Hefeteig 6 Minuten kneten, bis sich der Teig vom Schüsselrand löst. Nach 4 Minuten eventuell das restliche Wasser schluckweise dazugeben.

STOCKGARE Den Teig in eine leicht geölte Schüssel mit Deckel geben und rundum einmal von außen zur Mitte hin falten. Den Teig umdrehen und abgedeckt 3 Stunden gehen lassen. Zwischendurch nach 1 und 2 Stunden nochmal rundum falten und wieder umdrehen.

FORMEN Den Teig auf eine leicht bemehlte Unterlage geben, nochmal rundum zur Mitte hin falten, umdrehen und rundwirken. Mit dem Schluss nach oben in einen bemehlten Gärkorb geben.

STÜCKGARE Den Teig 60–90 Minuten abgedeckt gehen lassen. Nach 60 Minuten die Fingerprobe machen.

BACKEN

Den Backofen auf 250 °C Ober- und Unterhitze vorheizen, ein Backblech mit aufheizen. Dieses aus dem Backofen nehmen, den Teigling aus dem Gärkorb auf das Blech stürzen und einschneiden. Das Backblech auf die mittlere Schiene in den Backofen schieben. Backofen schwaden und die Tür verschließen. Nach 15 Minuten den Dampf ablassen und den Backofen auf 200 °C herunterschalten. Weitere 30–35 Minuten backen.

KARTOFFEL-JOGHURT-KRÜSTCHEN „ALL-IN-ONE“

Aus übrigen Salz- oder Pellkartoffeln lassen sich gut Kartoffelbrote backen. Am besten eignen sich dafür mehlig kochende Kartoffeln, die gekocht bereits 2–3 Tage im Kühlschrank standen. Wenn Sie frisch gekochte oder festkochende nehmen möchten, müssen Sie die Flüssigkeitsmenge erheblich reduzieren. Durch Kartoffeln bekommt das Brot einen aromatischen Geschmack und bleibt lange frisch. Ich habe mir mittlerweile angewöhnt, immer mehr Kartoffeln zu kochen, damit welche übrig bleiben, weil Kartoffelbrote einfach toll schmecken.

Zubereitungszeit: 6–7 Stunden
Stockgare: 3 Stunden
Stückgare: 90–120 Minuten
Backzeit: 45–50 Minuten

ZUTATEN FÜR 1 BROT, ca. 1100 g

240 g mehlig kochende Kartoffeln vom Vortag
240 g Sahnejoghurt
200 g Weizenmehl 550
150 g Weizenmehl 1050
100 g Roggenmehl 1150
140 g Wasser
150 g Lievito Madre, 4 Stunden vorher aufgefrischt
3 g frische Hefe
1 TL Honig
14 g Salz

TEIG

MISCHEN UND KNETEN Die Kartoffeln mit dem Joghurt und 100 g Wasser pürieren. Die Kartoffel-Joghurt-Mischung sowie alle weiteren Teigzutaten, außer 40 g Wasser, in die Schüssel der Knetmaschine geben und auf der kleinsten Stufe 1 Minute mischen. Auf der höchsten Stufe für Hefeteig 12 Minuten kneten, bis sich der Teig vom Schüsselrand löst. Nach 7 Minuten eventuell das restliche Wasser schluckweise dazugeben und mit unterkneten. Je nach Kartoffelsorte kann es sein, dass Sie etwas weniger oder mehr Wasser benötigen.

STOCKGARE Den Teig in eine leicht geölte Schüssel mit Deckel geben und rundum einmal von außen zur Mitte hin falten. Den Teig umdrehen und abgedeckt 3 Stunden gehen lassen. Zwischendurch nach 1 und 2 Stunden nochmal rundum falten und wieder umdrehen.

FORMEN Den Teig auf eine leicht bemehlte Unterlage geben, vorsichtig ohne Druck rundum zur Mitte hin falten, umdrehen und rundwirken. Mit dem Schluss nach oben in einen runden bemehlten Gärkorb geben.

STÜCKGARE Den Teig 90–120 Minuten abgedeckt gehen lassen. Nach 75 Minuten die Fingerprobe machen.

BACKEN

Den Backofen auf 250 °C Ober- und Unterhitze vorheizen, ein Backblech mit aufheizen. Dieses aus dem Backofen nehmen, den Teigling aus dem Gärkorb auf das Blech stürzen und einschneiden. Das Backblech auf die mittlere Schiene in den Backofen schieben. Backofen schwaden und die Tür verschließen. Nach 15 Minuten den Dampf ablassen und den Backofen auf 200 °C herunterschalten. Weitere 30–35 Minuten backen.

SAATLING „ALL-IN-ONE“

Bei Broten mit Saaten, Flocken und Körnern wird eigentlich ein Quell- oder Brühstück als Vorteig gemacht, da diese Zutaten dem Hauptteig Wasser entziehen und das Brot schnell trocken werden lassen. Eine weitere Möglichkeit ist, diese Zutaten mit entsprechend viel Flüssigkeit direkt zum Teig zu geben. Während der Stockgare können die Saaten und Flocken dann verquellen. Der Teig sollte also nach dem Kneten relativ weich sein und Sie dürfen bereits zu Beginn die komplette Flüssigkeit dazugeben.

Zubereitungszeit: 8–9 Stunden
Stockgare: 5 Stunden
Stückgare: 90–120 Minuten
Backzeit: 45–50 Minuten

ZUTATEN FÜR 1 BROT, ca. 1000 g

50 g 6-Korn-Flocken, alternativ andere Flocken
50 g Sonnenblumenkerne
200 g Weizenmehl 1050
100 g Dinkelmehl 630
100 g Dinkelvollkornmehl
100 g Roggenvollkornmehl
220 g Wasser
150 g Lievito Madre, mindestens 4 Stunden vorher gefüttert
2 g frische Hefe
160 g Buttermilch
1 TL Honig
14 g Salz

TEIG

MISCHEN UND KNETEN Die Flocken und Sonnenblumenkerne in einer Pfanne trocken rösten und abkühlen lassen. Flocken und Sonnenblumenkerne sowie alle weiteren Teigzutaten in die Schüssel der Knetmaschine geben und auf der kleinsten Stufe 5 Minuten mischen. Auf der höchsten Stufe für Hefeteig 12 Minuten kneten, bis sich der Teig vom Schüsselrand löst.

STOCKGARE Den Teig in eine leicht geölte Schüssel mit Deckel geben und rundum einmal von außen zur Mitte hin falten. Den Teig umdrehen und abgedeckt 5 Stunden gehen lassen.

FORMEN Den Teig auf eine leicht bemehlte Unterlage geben, vorsichtig ohne Druck rundum zur Mitte hin falten, umdrehen und rundwirken. Mit dem Schluss nach oben in einen runden bemehlten Gärkorb geben.

STÜCKGARE Den Teig 90–120 Minuten abgedeckt gehen lassen. Nach 75 Minuten die Fingerprobe machen.

BACKEN

Den Backofen auf 250 °C Ober- und Unterhitze vorheizen, ein Backblech mit aufheizen. Dieses aus dem Backofen nehmen, den Teigling aus dem Gärkorb auf das Blech stürzen und einschneiden. Das Backblech auf die mittlere Schiene in den Backofen schieben. Backofen schwaden und die Tür verschließen. Nach 15 Minuten den Dampf ablassen und den Backofen auf 200 °C herunterschalten. Weitere 30–35 Minuten backen.

WEIZENKRUSTE MIT ÜBERNACHTGARE

Eine gute Möglichkeit, sich einen Vorteig zu ersparen, ist ein gesäuerter Hefevorteig. Dafür wird dem Hefevorteig das Anstellgut für einen Sauerteig direkt hinzugefügt. Der Teig kommt nach der Stockgare fertig geformt noch für 12 Stunden in den Kühlschrank und entwickelt so besonders viel Aroma und Triebkraft. Zum Abdecken von Teigen, die über Nacht in Gärkörbchen oder Kastenformen gehen, gibt es Plastikhauben mit Gummizug.

Zubereitungszeit: 24–26 Stunden
Stockgare: 1 Stunde
Stückgare: 12 Stunden
Backzeit: 45–50 Minuten

ZUTATEN FÜR 1 BROT, KASTENFORM ca. 30 × 11 cm, ca. 900 g

Gesäuerter Hefevorteig
150 g Weizenvollkornmehl
150 g Wasser
25 g Anstellgut für Weizensauerteig
2 g frische Hefe

Hauptteig
Gesäuerter Hefevorteig
200 g Weizenmehl 550
150 g Weizenvollkornmehl
175 g Wasser
120 g Lievito Madre, 4 Stunden vorher gefüttert
1 TL Zuckerrübensirup
12 g Salz
25 g Butter

GESÄUERTER HEFEVORTEIG

Das Anstellgut und die Hefe im Wasser auflösen und Mehl untermischen. 10–12 Stunden bei Raumtemperatur gehen lassen.

HAUPTTEIG

AUTOLYSE Den gesäuerten Hefevorteig mit dem gesamten Mehl sowie 150 g Wasser in die Schüssel der Knetmaschine geben und 2 Minuten auf kleinster Stufe vermischen. 30 Minuten abgedeckt stehen lassen.

MISCHEN UND KNETEN Alle weiteren Zutaten, außer restliches Wasser und Butter, dazugeben und auf der höchsten Stufe für Hefeteig 12 Minuten kneten, bis sich der Teig vom Schüsselrand löst. Nach 5 Minuten eventuell das restliche Wasser schluckweise dazugeben. Nach 9 Minuten die Butter in Stückchen dazugeben und mit unterkneten.

STOCKGARE Den Teig in eine leicht geölte Schüssel mit Deckel geben und rundum einmal von außen zur Mitte hin falten. Den Teig umdrehen und abgedeckt 1 Stunde gehen lassen.

FORMEN Den Teig auf eine leicht bemehlte Unterlage geben, nochmal rundum zur Mitte hin falten, umdrehen und rundwirken. 10 Minuten ruhen lassen, dann langwirken. Mit dem Schluss nach unten in eine gefettete Kastenform geben.

STÜCKGARE Den Teig abgedeckt 12 Stunden im Kühlschrank gehen lassen.

BACKEN

Die Kastenform aus dem Kühlschrank nehmen. Eine gute Möglichkeit, ein Brot auf der Oberfläche schön zu verzieren, sind Schablonen. Diese werden auf den Teig gelegt und mit Mehl bestäubt. Das geht am besten mit einem feinen Sieb oder Mehlsieb.

Den Backofen auf 250 °C Ober- und Unterhitze vorheizen, ein Backblech auf der mittleren Schiene mit aufheizen. Die Kastenform auf das Backblech geben. Backofen schwaden und die Tür verschließen. Nach 15 Minuten den Dampf ablassen und den Backofen auf 200 °C herunterschalten. Weitere 30–35 Minuten backen.

BRÖTCHEN UND BAGUETTE, DIE KÖNIGSDISZIPLIN

WISSENWERTES ZUM THEMA BRÖTCHEN UND BAGUETTE

Brötchen und vor allem Baguette gelten bei Hobbybäckern als die Königsdisziplin. Sie erfordern ein gutes Gefühl für den Teig, für den richtigen Garezeitpunkt und das Wissen um bestimmte Techniken, um die Teiglinge so zu formen, dass nach dem Backen etwas Schmackhaftes und auch schön Anzusehendes herauskommt.

Die Teigherstellung und -führung unterscheidet sich nicht grundlegend von Brotteigen, die weitere Vorgehensweise jedoch schon. Der Teig muss nach der Stückgare in einzelne Teiglinge geteilt und je nach Rezept geformt werden. Wenn Sie gleich große Brötchen möchten, sollten Sie die Teiglinge abwiegen.

Viele Hobbybäcker erwarten nach dem Backen Brötchen wie vom Bäcker. Bäckereien verwenden jedoch leider oft Zusatzstoffe in Form von Backtriebmitteln, die den Teig aufblähen. Dabei kommen große und luftige Brötchen heraus, die jedoch meist wenig Geschmack haben und nicht lange sättigen. Am Abend sind diese Brötchen dann in der Regel steinhart und nicht mehr genießbar.

Wie bei Brotteigen bekommt ein guter Brötchenteig sein Aroma vor allem von langen Gehzeiten. Die fertigen Brötchen sind selten so luftig wie beim Bäcker, dafür aber geschmacklich wesentlich besser, ohne chemische Backstoffe, und sie bleiben länger frisch.

Brötchen können mit Ober- und Unterhitze oder auch mit Umluft gebacken werden. Brötchenteiglinge kann man mit der Teigkarte abstechen oder formen. Wenn sie geformt werden, darf der Teig nicht zu viel Flüssigkeit enthalten.

Die Größe von Brötchen ist Geschmackssache. Die einen mögen lieber kleinere, um verschiedene Sorten zu essen, die anderen lieber größere. Daher können Sie selbst bei allen Rezepten individuell entscheiden und mehr oder weniger Teig beim Abstechen nehmen. Die Teiglinge sollten zwischen 80 und 120 g haben.

1 Abstechen und Abwiegen von Teiglingen für Brötchen.

2 Abgestochene und gewogene Teiglinge.

RUNDWIRKEN

1 Den Teig rundum hochziehen und ...

2 ... in der Mitte etwas festdrücken.

3 Einmal rundum wiederholen, bis der Teigling rund ist.

4 Anschließend den Teigling rundschleifen, in dem er in der hohlen Hand auf der Unterfläche gedreht wird.

5 Brötchenteiglinge zur Gare.

BRÖTCHEN FORMEN

Formt man Brötchenteige, werden sie vom Teig abgestochen, gewogen und erst mal rundgewirkt, genau wie beim Brot. Der Teigling wird also einmal rundum gefaltet, immer von außen zur Mitte hin, dann umgedreht und nochmal rundgeschliffen. Dazu legen Sie die hohle Hand über den Teigling und versuchen ihn in der Hand im Kreis zu drehen. Die Unterlage sollte mit möglichst wenig Mehl bestäubt sein. Das klappt mit ein wenig Übung nach einiger Zeit. Wichtig ist erst mal, dass sie rund sind.

Dann ruhen sie, wie im Rezept angegeben, einige Minuten abgedeckt und werden anschließend in ihre Endform gebracht.

RUNDE BRÖTCHEN Für runde Brötchen sind die rundgewirkten Teiglinge nach dem ersten Schritt (oben beschrieben) bereits fertig. Somit müssen die Teiglinge nur die angegebene Zeit gehen und erfordern keine weiteren Schritte zum Formen.

BRÖTCHEN FORMEN VARIANTE 1

1. Für alle Varianten wird der Teig rundgewirkt und ruht ein paar Minuten. Dann wird er umgedreht und etwas flachgedrückt.
2. Die obere Seite zur Mitte hin falten.
3. Die gefaltete Seite nach unten drehen.
4. Wieder die obere Seite zur Mitte hin falten.
5. Den Teigling mit den Handflächen auf der Arbeitsfläche entlangrollen, damit er runder wird.

LANGWIRKEN Zum Langwirken von Brötchenteigen gibt es verschiedene Methoden.

- **LANGWIRKEN MIT FALZ IN DER MITTE**, dazu nehmen Sie den zuvor rundgewirkten Teigling, drehen ihn um und drücken ihn ein wenig flach. Dann falten Sie die obere Seite zur Mitte hin, drehen den Teigling um und falten wieder die obere Seite zur Mitte hin. Der Teig wird danach mit beiden Handflächen vorsichtig ohne zu viel Druck auf der Arbeitsfläche langgerollt und kann beispielsweise an den Enden schmaler gerollt werden (Variante 1).
- **LANGWIRKEN MIT ZUSAMMENKLAPPEN**, dazu wird der rundgewirkte Teigling wieder umgedreht und etwas flachgedrückt. Nun ziehen Sie die obere Hälfte über die untere Hälfte und drücken den Rand etwas fest. Danach können Sie den Teigling wieder mit beiden Handflächen längerrollen (Variante 2).
- **LANGWIRKEN NACH BAGUETTE-ART**, der rundgewirkte Teigling wird umgedreht und die obere Seite zur Mitte hin gefaltet. Dann dreht man den Teigling um eine halbe Umdrehung, sodass die gefaltete Seite unten liegt. Die obere Seite wird nun in kleinen Schritten vom oberen Rand zum unteren Rand gezogen und dort etwas festgedrückt, danach wird der Teigling wieder auf der Arbeitsfläche langgerollt (Variante 3).

BRÖTCHEN FORMEN VARIANTE 2

1. Die Oberseite vom umgedrehten Teigling über die Unterseite klappen …
2. … und etwas andrücken.

BRÖTCHEN FORMEN VARIANTE 3

1. Die Teigoberseite zur Mitte klappen, den Teigling um eine halbe Umdrehung drehen und die Teigoberseite wieder zur Mitte hin klappen und etwas andrücken.
2. Den oberen Rand Stück für Stück zum unteren Rand ziehen…
3. … und unten am Rand etwas festdrücken.
4. Auf der Unterlage langrollen.

Damit langgewirkte Teiglinge während der Gare in Form bleiben, werden sie auf Bäckerleinen gelegt. Das Bäckerleinen wird zwischen den einzelnen Teiglingen hochgezogen. Alternativ können Sie ein Küchenhandtuch nehmen.

BRÖTCHEN ABSTECHEN Eine weitere sehr einfache Methode ist das Abstechen von Teiglingen. Diese Möglichkeit eignet sich am besten bei relativ weichen Teigen. Dazu wird der Teig auf die bemehlte Arbeitsfläche gegeben, bemehlt und vorsichtig mit einer Teigkarte längergezogen. Dann werden mit einer scharfen Teigkarte vier- oder dreieckige Teiglinge abgestochen und auf Backpapier oder Backfolie gesetzt.

FRÜHSTÜCKSBRÖTCHEN „ALL-IN-ONE“

Das erste Brötchenrezept sind ganz einfache Brötchen mit Lievito Madre, Weizenmehl und etwas Dinkelmehl. Der Teig wird ohne irgendwelche Vorteige gemacht und 5 Stunden gehen gelassen, damit er Aroma und Triebkraft entwickeln kann. Alternativ kann er auch am Vorabend hergestellt und über Nacht bei nicht zu warmer Raumtemperatur stehen gelassen werden. So können Sie ganz einfach morgens frische Brötchen auf den Tisch bringen. Wenn Sie lieber kleinere Brötchen möchten, können Sie 10 Teiglinge mit je 105 g abstechen.

Zubereitungszeit: 6–7 Stunden
Stockgare: 5 Stunden
Stückgare: 30–60 Minuten
Backzeit: 15–20 Minuten

ZUTATEN FÜR 8 BRÖTCHEN

300 g Weizenmehl 550
100 g Dinkelmehl 630
100 g Weizenvollkornmehl
330 g Wasser
200 g Lievito Madre, 4 Stunden vorher gefüttert
2 g frische Hefe
12 g Salz
30 g Butter

TEIG

MISCHEN UND KNETEN Alle Teigzutaten, außer 30 g Wasser und Butter, in die Schüssel der Knetmaschine geben und auf der kleinsten Stufe 1 Minute mischen. Auf der höchsten Stufe für Hefeteig 10 Minuten kneten, bis sich der Teig vom Schüsselrand löst. Nach 6–7 Minuten eventuell das restliche Wasser schluckweise dazugeben und mit unterkneten. Nach 10 Minuten die Butter in Stückchen dazugeben und weitere 3–4 Minuten auf höchster Stufe unterkneten.

STOCKGARE Den Teig in eine leicht geölte Schüssel mit Deckel geben und rundum einmal von außen zur Mitte hin falten. Den Teig umdrehen und bei Raumtemperatur abgedeckt 5 Stunden gehen lassen. Zwischendurch nach 2 und 4 Stunden nochmal falten.

FORMEN Den Teig auf eine leicht bemehlte Unterlage geben und 9 gleich große Stücke von ca. 120 g abstechen. Jeden Teigling rundwirken und 20 Minuten abgedeckt ruhen lassen. Die Teiglinge umdrehen, die obere Seite zur Mitte und die untere Seite ebenfalls zur Mitte hin falten. Den Teigling auf der Backunterlage ohne viel Druck entlangrollen. Die Teiglinge in etwas Mehl wälzen und mit dem Schluss nach unten auf ein Tuch legen. Dieses zwischen den Teiglingen hochziehen, damit sie nicht aneinanderkleben.

STÜCKGARE Die Teiglinge 30–60 Minuten gehen lassen.

BACKEN

Den Backofen auf 250 °C Ober- und Unterhitze vorheizen, ein Backblech mit aufheizen. Dieses herausnehmen, Backpapier oder Backfolie darauflegen und die Teiglinge daraufsetzen. Einschneiden. Das Blech auf der mittleren Schiene einschieben und Backofen schwaden. Die Tür verschließen. Nach 10 Minuten den Dampf ablassen und Backofen auf 200 °C herunterschalten. Weitere 5–10 Minuten backen, bis die Oberfläche schön braun ist.

SAATLINGE

Diese Brötchen können Sie bereits am Vortag vorbereiten, da der Teig nach der Fertigstellung erst 2 Stunden bei Raumtemperatur und danach mindestens 24 Stunden kühl gehen sollte. Der Teig kann bis zu 72 Stunden oder länger im Kühlschrank bleiben und wird sogar mit jedem Tag, den er länger im Kühlschrank verbringt, aromatischer. Sie können beispielsweise gleich die doppelte Teigmenge machen und den Teig die ganze Woche im Kühlschrank aufbewahren. Dann können Sie nach Bedarf Teig abnehmen und zu Brötchen formen.

Zubereitungszeit: 31–79 Stunden
Stockgare: 2 Stunden + 24–72 Stunden im Kühlschrank
Stückgare: 45 Minuten
Backzeit: 15–20 Minuten

ZUTATEN FÜR 12 BRÖTCHEN

Brühstück
50 g Vollkornhaferflocken
50 g Sonnenblumenkerne
10 g schwarzer Sesam
15 g brauner Sesam
15 g Leinsamen geschrotet
35 g Altbrot geröstet
250 g Wasser

Hauptteig
Brühstück
250 g Weizenmehl 550
200 g Dinkelmehl 1050
50 g Roggenmehl 1150
100 g Wasser
80 g Lievito Madre aus dem Kühlschrank
1 g frische Hefe
120 g Buttermilch
1 TL Honig
12 g Salz
20 g Sonnenblumenöl
zum Wälzen: brauner und schwarzer Sesam

BRÜHSTÜCK

Flocken, Sonnenblumenkerne und Sesam in einer Pfanne trocken rösten. Mit Leinsamen und Altbrot vermischen und mit kochendem Wasser übergießen. 2–3 Stunden quellen lassen.

HAUPTTEIG

MISCHEN UND KNETEN Brühstück sowie alle weiteren Zutaten für den Hauptteig, außer 40 g Wasser und Sonnenblumenöl, in die Schüssel der Knetmaschine geben und auf der kleinsten Stufe 2 Minuten mischen. Auf der höchsten Stufe für Hefeteig 7 Minuten kneten, bis sich der Teig vom Schüsselrand löst. Nach 3 Minuten eventuell das restliche Wasser schluckweise dazugeben und mit unterkneten. Nach 5 Minuten das Öl zugießen und mit unterkneten.

STOCKGARE Den Teig in eine leicht geölte Schüssel mit Deckel geben und rundum einmal von außen zur Mitte hin falten. Den Teig umdrehen und abgedeckt 2 Stunden gehen lassen. Danach für mindestens 24–72 Stunden in den Kühlschrank stellen. Vor dem Weiterverarbeiten 1–2 Stunden bei Raumtemperatur stehen lassen.

FORMEN Den Teig auf eine leicht bemehlte Unterlage geben und Teiglinge von 100 g abstechen. Jeden Teigling rundwirken, schleifen und 10 Minuten ruhen lassen. Die Saaten zum Wälzen auf einem Teller mischen. Einen weiteren Teller mit Wasser vorbereiten. Die Teiglinge umdrehen und langwirken. Die Oberseite in Wasser und anschließend in der Saatenmischung wälzen (1). Mit dem Schluss nach unten auf Backpapier legen.

STÜCKGARE Die Teiglinge 45 Minuten abgedeckt gehen lassen.

BACKEN

Den Backofen auf 250 °C Ober- und Unterhitze vorheizen, ein Backblech mit aufheizen. Dieses aus dem Backofen nehmen und das Backpapier mit den Teiglingen auf das Backblech ziehen. Die Teiglinge einschneiden. Das Backblech auf die mittlere Schiene in den Backofen schieben. Backofen schwaden und die Tür verschließen. Nach 10 Minuten den Dampf ablassen und den Backofen auf 200 °C herunterschalten. Weitere 5–10 Minuten backen.

JOGHURT-DOPPELINOS

Mit Joghurt bekommen diese Brötchen einen wunderbaren Geschmack und bleiben länger frisch. Sie sind einfach zu formen, da sie nur rundgewirkt und aneinandergesetzt werden. Zum Bestreichen wird eine dünne Paste aus Speisestärke, Wasser und Salz angerührt, die die Kruste besonders knusprig und lecker macht. Die Teigmenge ergibt 7 Doppelbrötchen.

Zubereitungszeit: 16–18 Stunden
Stockgare: 3 Stunden
Stückgare: 60 Minuten
Backzeit: 15–20 Minuten

ZUTATEN FÜR 7 DOPPELBRÖTCHEN

Hefevorteig
100 g Weizenmehl 550
100 g Wasser
3 g frische Hefe

Hauptteig
Hefevorteig
350 g Weizenmehl 550
50 g Roggenmehl 1150
90 g Wasser
120 g Lievito Madre, 4 Stunden vorher gefüttert
100 g Joghurt
1 TL Honig
12 g Salz
20 g Olivenöl
zum Einstreichen: 50 g Wasser, 10 g Speisestärke, ½ TL Salz

HEFEVORTEIG

Die Hefe im Wasser auflösen und das Mehl untermischen. Den Teig abgedeckt 12–14 Stunden bei Raumtemperatur gehen lassen.

HAUPTTEIG

MISCHEN UND KNETEN Hefevorteig sowie alle weiteren Zutaten für den Hauptteig, außer 30 g Wasser und Öl, in die Schüssel der Knetmaschine geben und auf der kleinsten Stufe 2 Minuten mischen. Auf der höchsten Stufe für Hefeteig 10 Minuten kneten, bis sich der Teig vom Schüsselrand löst. Nach 4–5 Minuten eventuell das restliche Wasser schluckweise dazugeben und mit unterkneten. Nach 8 Minuten das Öl zugeben.

STOCKGARE Den Teig in eine leicht geölte Schüssel mit Deckel geben und rundum einmal von außen zur Mitte hin falten. Den Teig umdrehen und abgedeckt 3 Stunden gehen lassen. Zwischendurch nach 1 und 2 Stunden nochmal rundum falten und wieder umdrehen.

FORMEN Den Teig auf eine leicht bemehlte Unterlage geben und Teiglinge von ca. 70 g abstechen. Jeden Teigling rundwirken und jeweils 2 Teiglinge dicht aneinander auf Backfolie oder Backpapier setzen (1).

STÜCKGARE Den Teig 60 Minuten abgedeckt gehen lassen. Aus Wasser, Speisestärke und Salz eine Paste mischen und die Teiglinge damit einpinseln (2).

BACKEN

Den Backofen auf 250 °C Ober- und Unterhitze vorheizen, ein Backblech mit aufheizen. Dieses aus dem Backofen nehmen und die Teiglinge mit dem Backpapier daraufziehen. Das Backblech auf die mittlere Schiene in den Backofen schieben. Backofen schwaden und die Tür verschließen. Nach 10 Minuten den Dampf ablassen den Backofen auf 200 °C herunterschalten. Weitere 5–10 Minuten backen.

1

2

RUSTIKUS

Brötchen mit einem etwas rustikaleren Aroma bekommen Sie durch ein Brühstück mit Altbrot und Leinsamen und einem kleinen Roggenanteil. Es ist kein Vorteig nötig, da der fertige Teig lang und kühl geht und damit viel Aroma und auch Triebkraft entwickelt. Mit der Stockgare können Sie flexibel sein. Der Teig kann 2–3 Stunden vorher oder ein paar Stunden später herausgenommen werden, so wie es Ihnen am besten in Ihren Zeitplan passt.

Zubereitungszeit: 21–23 Stunden
Stockgare: 2 Stunden + 14–16 Stunden im Kühlschrank
Stückgare: 45 Minuten
Backzeit: 15–20 Minuten

ZUTATEN FÜR 10 BRÖTCHEN

Brühstück
100 g Altbrot geröstet
20 g geschrotete Leinsamen
200 g Wasser

Hauptteig
Altbrot-Quellstück
150 g Weizenmehl 550
200 g Weizenmehl 1050
100 g Roggenmehl 1150
240 g Wasser
50 g Anstellgut für Roggensauerteig, aus dem Kühlschrank
3 g frische Hefe
1 TL Zuckerrübensirup
12 g Salz
20 g Butter

BRÜHSTÜCK

Das Altbrot mit den Leinsamen mischen und mit dem kochenden Wasser übergießen. 2–3 Stunden quellen lassen.

HAUPTTEIG

MISCHEN UND KNETEN Brühstück sowie alle weiteren Zutaten für den Hauptteig, außer 40 g Wasser und Butter, in die Schüssel der Knetmaschine geben und auf der kleinsten Stufe 2 Minuten mischen. Auf der höchsten Stufe für Hefeteig 7 Minuten kneten, bis sich der Teig vom Schüsselrand löst. Nach 4 Minuten eventuell das restliche Wasser schluckweise dazugeben und mit unterkneten. Nach 5 Minuten die Butter in Stückchen dazugeben und unterkneten.

STOCKGARE Den Teig in eine leicht geölte Schüssel mit Deckel geben und rundum einmal von außen zur Mitte hin falten. Den Teig umdrehen und abgedeckt 2 Stunden gehen lassen. Danach für 14–16 Stunden in den Kühlschrank stellen. Am nächsten Tag herausnehmen und den Teig 2 Stunden Raumtemperatur annehmen lassen.

FORMEN Den Teig auf eine leicht bemehlte Unterlage geben und Teiglinge von etwa 100 g abstechen. Jeden Teigling rundwirken und 10 Minuten ruhen lassen, umdrehen und langwirken. Mit dem Schluss nach unten auf Backpapier oder Backfolie legen und mit Roggenmehl bestäuben.

STÜCKGARE Die Teiglinge 45 Minuten abgedeckt gehen lassen.

BACKEN

Den Backofen auf 250 °C Ober- und Unterhitze vorheizen, ein Backblech mit aufheizen. Dieses aus dem Backofen nehmen, das Backpapier mit den Teiglingen auf das Backblech ziehen und die Teiglinge einschneiden. Das Backblech auf die mittlere Schiene in den Backofen schieben. Backofen schwaden und die Tür verschließen. Nach 10 Minuten den Dampf ablassen und den Backofen auf 200 °C herunterschalten. Weitere 5–10 Minuten backen.

FOCACCIA VOM BLECH

Focaccia ist ein tolles Beilagenbrot zu Salaten oder Gegrilltem. Sie ist so einfach zu machen, dass nichts schiefgehen kann. Als Auflage können auch andere mediterrane Kräuter, Cocktailtomaten oder geröstete Zwiebeln genommen werden.

Zubereitungszeit: 41–43 Stunden
Stockgare: 12–14 Stunden
Stückgare: 1 Stunde
Backzeit: 25 Minuten

ZUTATEN FÜR 1 BACKBLECH, ca. 1500 g

Hefevorteig
200 g Weizenmehl 550
200 g Wasser
2 g frische Hefe

Hauptteig
Hefevorteig
600 g Weizenmehl 550
200 g Weizenmehl 1050
450 g Wasser
2 g frische Hefe
10 g Kräutersalz
15 g Salz
50 g Olivenöl
zum Bestreichen: Olivenöl
zum Bestreuen: schwarzer Sesam, Rosmarin, Meersalz

HEFEVORTEIG

Die Hefe im Wasser auflösen und das Mehl untermischen. Den Teig abgedeckt 2 Stunden bei Raumtemperatur gehen lassen und anschließend 24–48 Stunden kalt stellen.

HAUPTTEIG

MISCHEN UND KNETEN Hefevorteig sowie alle weiteren Zutaten für den Hauptteig, außer das Olivenöl, in die Schüssel der Knetmaschine geben und auf der kleinsten Stufe 2 Minuten mischen. Auf der höchsten Stufe für Hefeteig 10 Minuten kneten, bis sich der Teig vom Schüsselrand löst. Weitere 3 Minuten auf höchster Stufe kneten und das Olivenöl einlaufen lassen.

STOCKGARE Den Teig in eine leicht geölte Schüssel mit Deckel geben und rundum einmal von außen zur Mitte hin falten. Den Teig umdrehen und bei Raumtemperatur abgedeckt 12–14 Stunden gehen lassen.

FORMEN Ein Backblech komplett mit Backpapier auslegen (hier nehmen Sie besser keine Backfolie) und dieses mit Olivenöl dünn fetten. Den Teig direkt auf das Backpapier schütten (1). Etwas Olivenöl auf die Oberfläche geben und die Hände ebenfalls damit beölen. Mit den Fingern den Teig auseinanderdrücken, sodass er sich auf dem Blech ein wenig ausdehnt (2). Er sollte ungefähr das halbe Blech füllen. Mit Klarsichtfolie locker abdecken und 1 Stunde ruhen lassen. Dann nochmal die Finger einölen und den Teig wieder mit den Fingerspitzen auseinanderdrücken, bis er das ganze Blech ausfüllt (3). Mit Sesam, Rosmarin und Salz bestreuen.

STÜCKGARE Den Teig weitere 60 Minuten gehen lassen. Er braucht nicht mehr abgedeckt werden.

BACKEN

Den Backofen auf 250 °C Ober- und Unterhitze vorheizen. Das Backblech auf die mittlere Schiene in den Backofen schieben. Backofen schwaden und die Tür verschließen. Nach 15 Minuten den Dampf ablassen. Weitere 10 Minuten backen, bis die Oberfläche schön braun ist.

1

2

3

BAGUETTE

Baguette gilt unter Hobbybäckern als die Königsdisziplin. Dabei ist es gar nicht so schwierig, wenn man die richtige Vorgehensweise kennt. Ein guter Baguetteteig braucht erst mal viel Zeit zum Gehen. Er darf vom Teig her nicht zu fest sein und muss richtig und in mehreren Schritten geformt werden. Wenn Sie sich nicht zutrauen, die Teiglinge nach der Stückgare umzusetzen, können Sie diese auch gleich auf Backpapier oder Backfolie setzen.

Zubereitungszeit: 28–52 Stunden
Stockgare: 3 Stunden + 24–48 Stunden im Kühlschrank
Stückgare: 30 Minuten
Backzeit: 20 Minuten

ZUTATEN FÜR 3 BAGUETTE

500 g Weizenmehl 550
320 g Wasser
2 g frische Hefe
20 g Anstellgut für Weizensauerteig oder Lievito Madre aus dem Kühlschrank
1 TL Honig
12 g Salz

TEIG

MISCHEN UND KNETEN Alle Teigzutaten, außer 30 g Wasser, in die Schüssel der Knetmaschine geben und auf der kleinsten Stufe 3 Minuten mischen. Auf der höchsten Stufe für Hefeteig 10 Minuten kneten, bis sich der Teig vom Schüsselrand löst. Nach 6–7 Minuten eventuell das restliche Wasser schluckweise dazugeben und mit unterkneten.

STOCKGARE Den Teig in eine leicht geölte Schüssel mit Deckel geben und rundum einmal von außen zur Mitte hin falten. Den Teig umdrehen und bei Raumtemperatur abgedeckt 3 Stunden gehen lassen. Zwischendurch nach 1 und 2 Stunden nochmal falten. Weitere 24–48 Stunden kühl stellen (1).

2

3

4

5

6

7

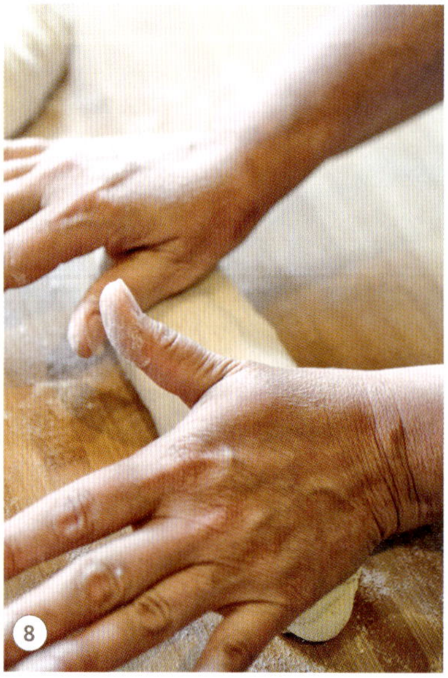

8

9

10

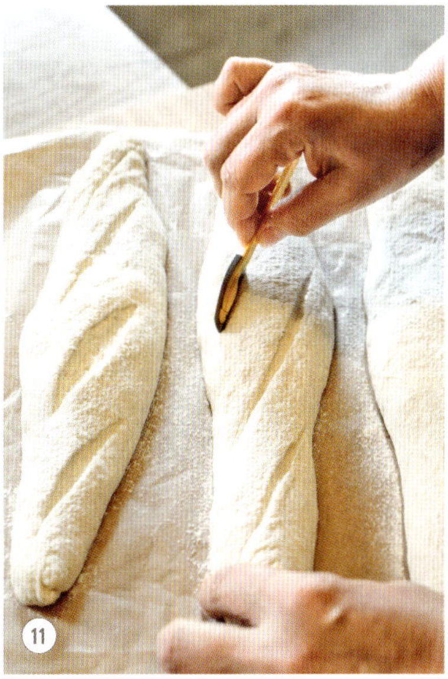

11

FORMEN Den Teig auf eine leicht bemehlte Unterlage geben und 3 gleich große Stücke abstechen (2). Jeden Teigling von beiden Seiten zur Mitte hin falten und von unten her locker aufrollen, ohne viel Druck auszuüben. Den Teig 20 Minuten abgedeckt ruhen lassen. Die Teiglinge umdrehen und mit den Fingern etwas flach drücken (3). Die obere Seite zur Mitte hin falten und etwas andrücken. Die untere Seite des Teiglings zur Mitte hin falten und mit den Fingerspitzen etwas andrücken. Die obere Seite Stück für Stück nach unten über den kompletten Teigling ziehen und vorne mit den Fingern etwas festdrücken (4)–(7). Ohne Druck etwas rundrollen, aber noch nicht in die Endform bringen (8). Weitere 10 Minuten gehen lassen. Die Teiglinge auf der Backunterlage ohne viel Druck entlangrollen, an den Enden dünner rollen (9). Das geht am besten mit möglichst wenig Mehl, sonst rutscht der Teig nur an der Unterlage entlang und lässt sich kaum rollen. Nur so lang rollen, dass sie in den Backofen passen. Die Teiglinge mit dem Schluss nach unten nebeneinander auf Backfolie oder in ein Teigtuch legen und bemehlen (10). Das Tuch zwischen den einzelnen Teiglingen hochziehen.

STÜCKGARE Die Teiglinge 30 Minuten gehen lassen.

BACKEN

Den Backofen auf 250 °C Ober- und Unterhitze vorheizen, ein Backblech mit aufheizen. Dieses herausnehmen, Backpapier oder Backfolie darauflegen und die Teiglinge daraufsetzen. Für Baguette gibt es eine sogenannte Kippdiele, mit denen sie sich einfach umsetzen lassen. Einschneiden: Baguette werden schräg eingeschnitten. Der erste Schnitt wird gesetzt, danach wird der nächste Schnitt neben dem vorherigen parallel angesetzt (11). Das Blech auf der mittleren Schiene einschieben und Backofen schwaden. Die Tür verschließen. Nach 10 Minuten den Dampf ablassen und weitere 10 Minuten backen, bis die Oberfläche schön braun ist.

BROT BACKEN MIT WILDHEFE

BACKEN MIT WILDHEFE

Hefen kommen überall in der Natur vor. Auf jeder Pflanze tummeln sich wilde Hefetypen. Wenn man diese Pflanzen mit Wasser und etwas Zucker vermischt und diesem Ansatz gute Bedingungen in Form von Wärme und Zeit gibt, vermehren sich die Hefen. Der Zucker, auch Honig oder andere Süßungsmittel, liefert den Hefen die Nahrung dazu. Wenn die Hefe sich ausreichend vermehrt, den Zucker also verdaut haben, entsteht Alkohol und Kohlendioxid und damit entwickelt sich eine Art Wildhefe, die als Triebmittel für Brotteige genutzt werden kann.

Als Grundzutat hat man dabei eine riesige Auswahl. Angefangen von getrockneten, ungeschwefelten Früchten bis hin zu allen gängigen Obst- und Gemüsesorten, wobei die Schalen meistens reichen, bis hin zu Kaffeebohnen, Kräutern und Gewürzen. Jedes Hefewasser bekommt durch die spezielle Zutat einen eigenen Geschmack. So kann man für Pizzateige ein Hefewasser mit Tomatenschalen oder getrockneten Tomaten und mediterranen Kräutern ansetzen, für Roggenbrote mit Kaffeebohnen oder für süße Hefeteige mit Ingwer und Zitronenschalen.

Ich habe seit einigen Jahren einen Hefewasseransatz aus getrockneten Datteln. Wenn das Hefewasser, auch Wildhefe oder Fermentwasser genannt, einmal angesetzt ist, kann es ähnlich wie ein Sauerteig, einfach weitergefüttert werden. So sammeln sich zunehmend mehr Hefen darin und es wird mit den Jahren immer aktiver.

Fermentwasser ist einfach herzustellen und in ein paar Tagen fertig zum Backen. Es kann als Schüttflüssigkeit zum Teig gegeben werden und wirkt dann wie Hefe. Sie können also bei Rezepten mit Hefewasser komplett auf gekaufte Hefe verzichten, außerdem in ein paar Tagen einen Sauerteig oder einen Lievito Madre damit züchten.

Damit Brote mit Hefewasser gelingen, ist es lediglich wichtig, dass Ihr Wildhefewasser genügend Hefen gebildet hat. Hefewasser wird immer besser, je älter es wird – es sammeln sich dann zunehmend mehr Hefen auf dem Boden.

Ich frische mein Hefewasser vor jedem Einsatz nochmal auf, d. h. ich gebe die jeweiligen Zutaten, mit denen es bereits angesetzt wurde, dazu und lasse es 12–24 Stunden möglichst warm stehen. Richtig aktiv ist das Hefewasser, wenn es beim Öffnen wie bei kohlensäurehaltigen Getränken zischt und etwas schäumt. Es riecht fertig ein wenig vergoren, ungefähr wie neuer Wein. Auf keinen Fall müssen Unmengen von Früchten genommen werden, und es muss auch nicht fast in der Flasche explodieren, um fertig und aktiv zu sein.

Es gibt vier Möglichkeiten, Hefewasser in Brotteigen zu verwenden:

- als Schüttflüssigkeit, wobei in der Regel nur ein Teil der Schüttflüssigkeit ersetzt wird,
- zum Ansetzen eines Hefevorteiges,
- zum Ansetzen eines Sauerteiges,
- zum Ansetzen eines Lievito Madres.

Tipp: Wildhefe lässt sich wunderbar mit jedem anderen Triebmittel kombinieren.

HEFEWASSER ANSETZEN

Hefewasser anzusetzen ist sehr einfach. Sie benötigen lediglich eine 1-Liter-Flasche mit etwas breiterem Flaschenhals, z. B. eine Milchflasche. Sehr viel besser eignen sich Plastikflaschen von Sodastreamern, da die Deckel später im Kühlschrank etwas geöffnet bleiben können und so ein Zuviel an Gasen entweichen kann. Bei Glasflaschen ist es schon vorgekommen, dass sie explodieren, wenn der Deckel fest geschlossen ist. Außerdem brauchen Sie Wasser, Früchte nach Wahl und etwas zum Süßen.

Zum Süßen nimmt man Zucker, Rohrohrzucker, Honig, Agavendicksaft oder Ahornsirup. Bei Trockenfrüchten ist es sehr wichtig, ungeschwefelte und ungeölte zu nehmen. Bei geschwefelten Früchten geliert das Wasser und die Wildhefe gelingt nicht. Bei Früchten reichen in der Regel die Schalen.

Wichtig: Wenn das Hefewasser sehr aktiv ist, sollte es nicht zu fest zugeschraubt werden. Gerade beim Ansetzen bilden sich zunehmend mehr Gärgase und es besteht die Gefahr, dass die Flasche platzen würde, wenn diese nicht entweichen können.

Wenn es fertig ist, kann es verwendet oder in den Kühlschrank gestellt werden. Wenn es kühl gestellt wird, können sie die Früchte herausnehmen, dann entsteht auch nicht mehr viel Druck. Wenn Sie die Früchte im Hefewasser lassen, um sie später für einen Teig zu pürieren, sollte die Flasche im Kühlschrank immer etwas geöffnet sein, da weiterhin Gärgase entstehen. Wenn das Hefewasser ohne Früchte kühl gestellt ist, kann es sein, dass Sie noch einige Male die Luft ablassen müssen. Es beruhigt sich dann aber und kann einfach im Kühlschrank bleiben, bis Sie es benötigen, auch monatelang. Zum Füttern und Ansetzen sollte die Flasche fest verschlossen sein. Je mehr Früchte Sie nehmen, umso mehr Druck kommt in die Flasche, daher reicht eine kleine Menge. Während dem Ansetzen ist es auf jeden Fall ratsam, alle paar Stunden mal die Flasche zu öffnen und die Luft abzulassen.

1. TAG

800 g Wasser
3–4 Datteln oder andere Früchte oder Zutaten nach Wahl
2 TL Rohrohrzucker, Honig oder Süßungsmittel nach Wahl

500 g Wasser mit 1–2 Datteln und 1 TL Süßungsmittel in die Flasche geben. Verschließen und gut schütteln, bis sich der Zucker aufgelöst hat. Die Flasche bei warmer Raumtemperatur, optimal sind um die 25 °C (im Winter z. B. neben der Heizung), 4 Tage stehen lassen. Jeden Tag kurz öffnen, wieder verschließen und schütteln. Danach nochmal kurz öffnen und die Luft ablassen.

NACH 4 TAGEN

Das restliche Wasser, die restlichen Datteln und das restliche Süßungsmittel dazugeben und gut schütteln. Weitere 3–4 Tage stehen lassen. Wie bisher jeden Tag kurz öffnen, wieder verschließen und schütteln. Danach nochmal kurz öffnen und die Luft ablassen.

HEFEWASSER MIT
Äpfeln und Buchweizen.

NACH 8 TAGEN

Nach ungefähr 8 Tagen sollte die Wildhefe fertig sein. Auf dem Flaschenboden müsste sich bereits Hefe abgesetzt haben und oben am Flaschenhals sollten kleine Bläschen aufsteigen. Wenn das Hefewasser geschüttelt wird, sollten sich 2–3 cm Schaum bilden, der sich langsam wieder abbaut.

Sie können es nun als Schüttwasser verwenden oder damit einen Sauerteig oder Lievito Madre herstellen. Je nachdem, wie warm es bei Ihnen ist, kann es auch 1–2 Tage länger brauchen oder schneller fertig sein.

Wenn das Hefewasser fertig angesetzt ist und Sie es nicht benötigen, stellen Sie es einfach in den Kühlschrank (vorher durchsieben und Früchte entfernen). Vor jeder Verwendung erneut füttern, damit es aktiv ist und vor Gebrauch die Flasche schütteln, damit sich am Boden abgesetzte Hefe in der Flüssigkeit verteilt.

WEITERFÜTTERN

Sobald Sie von dem Hefewasser einen Teil benutzen, füllen Sie einfach die Flasche wieder auf. Oben am Flaschenhals sollte immer etwas Luft bleiben, also nie ganz vollfüllen. Dann kommen wieder Früchte und Ihr bevorzugtes Süßungsmittel dazu und die Flasche wird nochmal gut geschüttelt. Je nach Raumtemperatur benötigt das Fermentwasser ein paar Stunden bis Tage, bis sich Bläschen bilden und es wieder aktiv ist.

Wichtig: Wenn Sie beim Neuansetzen sind oder älteres Hefewasser frisch gefüttert haben, öffnen Sie immer langsam die Flasche. Manche Früchte oder Zutaten entwickeln enorme Gärgase, was dazu führen kann, dass das Hefewasser regelrecht explodiert, sobald Sie die Flasche öffnen. Mit wenigen Früchten sind Sie da aber auf der sicheren Seite.

SAUERTEIG UND LIEVITO MADRE AUS HEFEWASSER

Das Hefewasser, auch Fermentwasser genannt, ist eine tolle Möglichkeit, sich ganz schnell und einfach sowohl einen Sauerteig wie auch einen Lievito Madre anzusetzen. Vor dem Ansetzen sollte das Hefewasser aktiv sein, also wie auf Seite 134 angegeben, aktiviert werden.

SAUERTEIG AUS HEFEWASSER Durch das bereits aktive Hefewasser ist der Sauerteig innerhalb von 2–3 Tagen fertig zum Backen.

1. TAG

100 g aktives Hefewasser 100 g Weizenmehl 550	Die Zutaten vermischen und 12–16 Stunden an einem warmen Ort gehen lassen (z. B. in der Sonne oder auf der Heizung).

2. TAG

50 g Weizenmehl 550 50 g aktives Hefewasser	Die Zutaten zu dem Ansatz geben und untermischen. 4–6 Stunden an einem warmen Ort gehen lassen. Der Teig sollte sich verdoppeln.

4–6 STUNDEN SPÄTER

50 g Weizenmehl 550 50 g aktives Hefewasser	Die Zutaten wieder zum Ansatz geben, vermischen und weitere 3–4 Stunden an einem warmen Ort gehen lassen.

3–4 STUNDEN SPÄTER

Der Sauerteig ist nun fertig und kann wie jeder andere Sauerteig verwendet werden. Lediglich die Gehzeiten verlängern sich, je nach Raumtemperatur. Der Sauerteigansatz kann entweder mit normalem Wasser oder auch mit Hefewasser gemacht werden. Mit Hefewasser bekommt er nochmal mehr Triebkraft. Er kann nach der Fertigstellung genau wie normaler Sauerteig weitergefüttert und im Kühlschrank aufbewahrt werden. Auch hier können Sie ihn entweder mit normalem Wasser oder Hefewasser weiterführen.

LIEVITO MADRE AUS HEFEWASSER Lievito Madre wird ähnlich angesetzt wie der Sauerteig. Der einzige Unterschied ist die festere Führung. Sauerteig wird mit 1 Teil Wasser und 1 Teil Mehl angesetzt und auch weitergeführt, Lievito Madre mit 1 Teil Wasser und 2 Teilen Mehl.

1. TAG

50 g aktives Hefewasser 100 g Weizenmehl 550	Die Zutaten zu einem festen Teig verkneten und 12–16 Stunden an einem warmen Ort gehen lassen.

2. TAG

100 g vom Ansatz 50 g Hefewasser 100 g Weizenmehl 550	Alle Zutaten zu einem festen Teig verkneten und wieder 24 Stunden an einem warmen Ort gehen lassen.

3. TAG

100 g vom Ansatz 50 g Hefewasser 100 g Weizenmehl 550	Alle Zutaten zu einem festen Teig verkneten und weitere 12 Stunden an einem warmen Ort gehen lassen. Der Ansatz sollte sich mindestens verdoppelt haben und etwas großporiger sein. Ansonsten nochmal wie zuvor abnehmen, füttern und weitere 12 Stunden stehen lassen.

Der Lievito ist nun fertig und kann wie jeder andere Lievito Madre im Kühlschrank aufbewahrt und weitergefüttert werden. Die Reste vom Ansetzen kann man einfach einem beliebigen Brotteig zugeben, ohne etwas am Rezept zu verändern, eventuell 1 Prise mehr Salz hinzufügen.

Wie jeder andere Lievito sollte der komplette Ansatz spätestens alle 2 Wochen im Verhältnis 2 Teile Mehl und 1 Teil Wasser gefüttert werden (siehe Seite 96). Ansonsten wird er wie jeder andere Lievito Madre gepflegt und genutzt.

RUSTIKALE WURZELN „ALL-IN-ONE“

Wurzeln sind ähnlich wie Baguette ein Beilagenbrot zu Salat oder Gegrilltem. Sie werden jedoch nicht geformt, sondern einfach abgestochen und in sich verdreht. Meistens macht man Wurzeln wie Baguette mit hellen Mehlsorten. Diese sind etwas rustikaler mit etwas Weizenvollkornmehl und Roggenmehl.

Zubereitungszeit: 14–15 Stunden
Stockgare: 12 Stunden
Stückgare: 60–90 Minuten
Backzeit: 20–25 Minuten

ZUTATEN FÜR 3 WURZELN

300 g Weizenmehl 1050
100 g Weizenvollkornmehl
100 g Roggenmehl 1150
155 g Wasser
200 g aktives Hefewasser
100 g Lievito Madre, mindestens 4 Stunden vorher gefüttert
12 g Salz
1 TL Agavendicksaft

TEIG

MISCHEN UND KNETEN Alle Teigzutaten, außer 30 g Wasser, in die Schüssel der Knetmaschine geben und auf der kleinsten Stufe 4 Minuten mischen. Auf der höchsten Stufe für Hefeteig 10 Minuten kneten, bis sich der Teig vom Schüsselrand löst. Nach 5 Minuten eventuell das restliche Wasser schluckweise dazugeben.

STOCKGARE Den Teig in eine leicht geölte Schüssel mit Deckel geben und rundum einmal von außen zur Mitte hin falten. Den Teig umdrehen und abgedeckt 12 Stunden bei Raumtemperatur gehen lassen. Zwischendurch noch zwei- bis dreimal rundum falten und wieder umdrehen.

FORMEN Den Teig auf eine leicht bemehlte Unterlage geben (1) und einmal in der Mitte falten (2). Mit einer Teigkarte in 3 längliche Teiglinge teilen (3) und jeden Teigling in sich verdrehen. Die Teiglinge nebeneinander auf Backfolie oder Backpapier legen und bemehlen.

STÜCKGARE Die Teiglinge 60–90 Minuten abgedeckt gehen lassen. Nach 60 Minuten die Fingerprobe machen.

BACKEN

Den Backofen auf 250 °C Ober- und Unterhitze vorheizen, ein Backblech mit aufheizen. Dieses aus dem Backofen nehmen und die Backfolie oder das Backpapier mit den Teiglingen auf das Blech ziehen. Das Backblech auf die mittlere Schiene in den Backofen schieben. Backofen schwaden und die Tür verschließen. Nach 10 Minuten den Dampf ablassen und weitere 10–15 Minuten backen.

KARTOFFELKNOLLE „ALL-IN-ONE" IM TOPF

Ich finde Kartoffelbrote großartig, daher gibt es die bei mir in vielen verschiedenen Varianten. Durch Kartoffeln bekommt Brot einen sehr aromatischen Geschmack und hält lange frisch. Das Hefewasser muss wie immer aktiv sein. Da mehr als die Hälfte des Mehles aus Dinkel besteht, kommt zusätzlich Quark in den Teig. Die Zeit für die Teiggare im Kühlschrank können Sie wieder an Ihren Alltag anpassen.

Zubereitungszeit: 28–44 Stunden
Stockgare: 24–40 Stunden
Stückgare: 60–90 Minuten
Backzeit: 45–50 Minuten

ZUTATEN FÜR 1 BROT, ca. 1100 g

330 g mehlig kochende Kartoffeln vom Vortag
200 g Weizenmehl 550
150 g Dinkelvollkornmehl
150 g Dinkelmehl 1050
215 g Hefewasser aktiv
80 g Lievito Madre, mindestens 4 Stunden vorher gefüttert
100 g Quark 20%ig
1 TL Honig
12 g Salz

TEIG

MISCHEN UND KNETEN Die Kartoffeln mit 185 g Hefewasser pürieren. Pürierte Kartoffeln sowie alle weiteren Teigzutaten, außer restliches Hefewasser, in die Schüssel der Knetmaschine geben und auf der kleinsten Stufe 4 Minuten mischen. Auf der höchsten Stufe für Hefeteig 4 Minuten kneten, bis sich der Teig vom Schüsselrand löst. Nach 2 Minuten eventuell das restliche Hefewasser schluckweise dazugeben und mit unterkneten.

STOCKGARE Den Teig in eine leicht geölte Schüssel geben und rundum einmal falten. Umdrehen und abgedeckt in der Schüssel 3 Stunden bei Raumtemperatur gehen lassen. Zwischendurch nach 1 und 2 Stunden nochmal dehnen und falten. Weitere 20–36 Stunden im Kühlschrank gehen lassen.

FORMEN Den Teig aus dem Kühlschrank nehmen und bei Raumtemperatur 2 Stunden stehen lassen. Dann auf eine bemehlte Backunterlage geben und vorsichtig ohne zu viel Druck rundwirken. Mit dem Schluss nach unten in einen bemehlten runden Gärkorb legen.

STÜCKGARE Abgedeckt 60–90 Minuten bei Raumtemperatur gehen lassen. Nach 60 Minuten die Fingerprobe machen.

BACKEN

Den Backofen auf 250 °C Ober- und Unterhitze vorheizen, einen gusseisernen runden Topf inkl. Deckel mit aufheizen. Den Topf herausnehmen und Deckel abnehmen. Den Teigling aus dem Gärkorb in den Topf fallen lassen, den Topf verschließen und auf die unterste Schiene stellen. Backofen auf 220 °C herunterschalten und 50 Minuten backen. Die letzten 10 Minuten kann der Deckel abgenommen werden.

SCHMANDKRUSTE

Ein weiteres Milchprodukt, das sich in Brotteigen toll macht, ist Schmand. Er sorgt für eine gute Frischhaltung und macht die Krume schön fluffig. Der Hefevorteig wird in 2 Schritten angesetzt, damit er besonders aktiv ist. Im Hauptteig ist kein weiteres Triebmittel nötig.

Zubereitungszeit: 20–24 Stunden
Stockgare: 4 Stunden
Stückgare: 90–120 Minuten
Backzeit: 45–50 Minuten

ZUTATEN FÜR ca. 850 g

Hefevorteig
200 g Weizenmehl 550
200 g aktives Hefewasser

Hauptteig
Hefevorteig
200 g Weizenmehl 550
100 g Weizenmehl 1050
130 g Schmand
10 g Salz
1 TL Honig
10 g Sonnenblumenöl

HEFEVORTEIG

100 g Hefewasser und 100 g Weizenmehl vermischen und 10–12 Stunden abgedeckt gehen lassen. Das restliche Mehl und Hefewasser unterkneten und weitere 4–6 Stunden gehen lassen.

HAUPTTEIG

MISCHEN UND KNETEN Hefevorteig sowie alle weiteren Zutaten für den Hauptteig, außer Sonnenblumenöl, in die Schüssel der Knetmaschine geben und auf der kleinsten Stufe 2 Minuten mischen. Auf der höchsten Stufe für Hefeteig 10 Minuten kneten, bis sich der Teig vom Schüsselrand löst. Nach 7 Minuten das Öl langsam dazugeben und mit unterkneten.

STOCKGARE Den Teig in eine leicht geölte Schüssel mit Deckel geben und rundum einmal von außen zur Mitte hin falten. Den Teig umdrehen und abgedeckt 3 Stunden gehen lassen. Zwischendurch nach 1 und 2 Stunden nochmal rundum falten und wieder umdrehen.

FORMEN Den Teig auf eine leicht bemehlte Unterlage geben, nochmal rundum zur Mitte hin falten, umdrehen und rundwirken. Mit dem Schluss nach oben in einen bemehlten runden Gärkorb geben. Ich habe bei diesem Rezept einen dreieckigen Gärkorb benutzt.

STÜCKGARE Den Teig 90–120 Minuten abgedeckt gehen lassen. Nach 90 Minuten die Fingerprobe machen.

BACKEN

Den Backofen auf 250 °C Ober- und Unterhitze vorheizen, ein Backblech mit aufheizen. Dieses aus dem Backofen nehmen, den Teigling aus dem Gärkorb auf das Blech stürzen und einschneiden. Das Backblech auf die mittlere Schiene in den Backofen schieben. Backofen schwaden und die Tür verschließen. Nach 15 Minuten den Dampf ablassen und den Backofen auf 200 °C herunterschalten. Weitere 30–35 Minuten backen.

KAROTTENBROT

Geriebene Karotten und Altbrot im Quellstück sorgen bei diesem Brot für ein besonderes Aroma und eine saftige Krume. Für mehr Biss enthält das Quellstück Kürbiskerne, die vorher in einer Pfanne angeröstet werden. Der Hefevorteig wird wieder zweistufig geführt.

Zubereitungszeit: 20–24 Stunden
Stockgare: 3 Stunden
Stückgare: 60–90 Minuten
Backzeit: 45–50 Minuten

ZUTATEN FÜR 1 BROT, ca. 1050 g

Hefevorteig
200 g Weizenmehl 550
150 g aktives Hefewasser

Quellstück
50 g Kürbiskerne
160 g Karotten, fertig gerieben
50 g Altbrot geröstet
100 g Wasser

Hauptteig
Hefevorteig
Quellstück
100 g Dinkelmehl 1050
100 g Weizenmehl 550
100 g Roggenmehl 1150
30 g Hefewasser aktiv
100 g Lievito Madre, mindestens 4 Stunden vorher gefüttert
1 TL Honig
12 g Salz
30 g Sonnenblumenöl

Tipp: Als Alternative für das Altbrot können Sie auch hier wieder Semmelbrösel verwenden, die Sie zusammen mit den Kürbiskernen anrösten können.

HEFEVORTEIG

100 g Hefewasser und 100 g Weizenmehl vermischen und 10–12 Stunden zugedeckt stehen lassen. Restliches Mehl und Hefewasser untermischen und weitere 4–6 Stunden gehen lassen.

QUELLSTÜCK

Die Kürbiskerne trocken in einer Pfanne rösten, bis sie etwas Farbe annehmen und duften. Mit den Karotten und dem Altbrot mischen. Mit warmem Wasser übergießen, alles vermischen und 3–4 Stunden ziehen lassen.

HAUPTTEIG

MISCHEN UND KNETEN Hefevorteig und Quellstück sowie alle weiteren Zutaten für den Hauptteig, außer Hefewasser und Sonnenblumenöl, in die Schüssel der Knetmaschine geben und auf der kleinsten Stufe 2 Minuten mischen. Auf der höchsten Stufe für Hefeteig 8 Minuten kneten, bis sich der Teig vom Schüsselrand löst. Nach 3 Minuten eventuell das restliche Wasser schluckweise dazugeben und mit unterkneten. Nach 5 Minuten das Öl einlaufen lassen und mit unterkneten.

STOCKGARE Den Teig in eine leicht geölte Schüssel mit Deckel geben und rundum einmal von außen zur Mitte hin falten. Den Teig umdrehen und abgedeckt 3 Stunden gehen lassen. Zwischendurch nach 1 und 2 Stunden nochmal rundum falten und wieder umdrehen.

FORMEN Den Teig auf eine leicht bemehlte Unterlage geben, nochmal rundum zur Mitte hin falten, umdrehen und rundwirken. Langwirken und mit dem Schluss nach unten in einen bemehlten Gärkorb geben.

STÜCKGARE Den Teig 60–90 Minuten abgedeckt gehen lassen. Nach 60 Minuten die Fingerprobe machen.

BACKEN

Den Backofen auf 250 °C Ober- und Unterhitze vorheizen, ein Backblech mit aufheizen. Dieses aus dem Backofen nehmen und den Teigling aus dem Gärkorb auf das Blech stürzen. Den Teigling nicht einschneiden. Das Backblech auf die mittlere Schiene in den Backofen schieben. Backofen schwaden und die Tür verschließen. Nach 15 Minuten den Dampf ablassen und den Backofen auf 200 °C herunterschalten. Weitere 30–35 Minuten backen.

Tipp: Alternativ können aus dem Teig auch Wurzeln oder Baguette geformt werden.

MEDITERRANES LANDBROT „ALL-IN-ONE“

Dieses Landbrot eignet sich gut als Beilagenbrot zum Grillen oder zu Salat. Den Teig können Sie bereits am Vortag ansetzen, so haben Sie am Backtag nicht mehr viel Arbeit damit. In den Teig kommen frische oder getrocknete Kräuter und die Kruste wird mit einer selbst gemachten Gewürzmischung bestreut.

Zubereitungszeit: 15–19 Stunden
Stockgare: 12–15 Stunden
Stückgare: 120–150 Minuten
Backzeit: 45–50 Minuten

ZUTATEN FÜR 1 BROT, ca. 750 g

400 g Weizenmehl 550
100 g Weizenmehl 1050
80 g Wasser
200 g Hefewasser aktiv
50 g Anstellgut für Weizensauerteig
2 TL gemischte mediterrane Kräuter, frisch oder getrocknet (z. B. Thymian, Oregano, Majoran, Basilikum, Rosmarin)
12 g Salz
50 g Olivenöl

Gewürzmischung zum Bestreuen des Teiglings: 1 TL Oregano, 1 TL Thymian, 1 TL Meersalz, ¼ TL schwarzer Pfeffer, 1 TL Paprika edelsüß (Der Rest kann aufbewahrt und zum Bestreuen von Brötchen oder Baguette genommen werden).
Außerdem: 1 EL Parmesan

Alternativen für den Teig:
1–2 EL Tomatenmark in den Teig
2–3 EL gehackte Oliven in den Teig
gehackte getrockene Tomaten in den Teig
3–4 EL geriebenen Parmesan in den Teig

TEIG

GEWÜRZMISCHUNG Die Gewürze fein zermahlen. Den Käse fein reiben, aber nicht mit den Gewürzen mischen.

MISCHEN UND KNETEN Alle Teigzutaten (ohne die Gewürzmischung), außer 30 g Wasser und Olivenöl, in die Schüssel der Knetmaschine geben und auf der kleinsten Stufe 2 Minuten mischen. Auf der höchsten Stufe für Hefeteig 18 Minuten kneten, bis sich der Teig vom Schüsselrand löst. Nach 12 Minuten eventuell das restliche Wasser schluckweise dazugeben und mit unterkneten. Nach 15 Minuten das Olivenöl langsam einlaufen lassen und mit unterkneten.

STOCKGARE Den Teig in eine leicht geölte Schüssel geben und rundum einmal falten. Umdrehen und abgedeckt in der Schüssel 12–15 Stunden bei Raumtemperatur gehen lassen. Zwischendurch nach 1 und 2 Stunden nochmal dehnen und falten.

FORMEN Den Teig auf eine leichte bemehlte Backunterlage geben und rundwirken. 10 Minuten stehen lassen. Langwirken und weitere 10 Minuten stehen lassen. Dann zu einer möglichst langen Rolle formen, indem der Teig auf der Arbeitsunterlage entlanggerollt wird. Diese Teigrolle zu einer Schnecke aufrollen 1–2 und auf Backfolie oder Backpapier legen.

STÜCKGARE Abgedeckt 120–150 Minuten bei Raumtemperatur gehen lassen. Nach 90 Minuten die Fingerprobe machen.

BACKEN

Den Backofen auf 250 °C Ober- und Unterhitze vorheizen, ein Backblech mit aufheizen. Die Teigoberfläche mit Wasser abstreichen und mit der Gewürzmischung und dem Käse bestreuen 3. Das Backblech aus dem Backofen nehmen und den Teigling mit dem Backpapier bzw. der Backfolie daraufziehen. Das Backblech auf die mittlere Schiene einschieben und den Backofen schwaden. Nach 10 Minuten den Dampf ablassen und den Backofen auf 200 °C herunterschalten. Weitere 35–40 Minuten backen.

1

2

3

BAUERN-WEISSBROT

Dieses milde Bauernbrot wird mit Hefewasser und Lievito Madre angesetzt. Als Lievito Madre kann grundsätzlich bei allen Rezepten der genommen werden, den Sie haben. Es muss hier also nicht zwingend einer aus Hefewasser sein.

Zubereitungszeit: 18–22 Stunden
Stockgare: 3 Stunden
Stückgare: 60–90 Minuten
Backzeit: 45–50 Minuten

ZUTATEN FÜR 1 BROT, ca. 850 g

Hefevorteig
200 g Weizenmehl 550
200 g aktives Hefewasser

Hauptteig
Hefevorteig
150 g Weizenmehl 1050
100 g Weizenmehl 550
50 g Weizenvollkornmehl
120 g Lievito Madre, mindestens 4 Stunden vorher aufgefrischt
110 g Milch
12 g Salz
1 TL Honig
30 g Butter

HEFEVORTEIG

100 g Hefewasser und 100 g Weizenmehl vermischen und 8–10 Stunden abgedeckt gehen lassen. Das restliche Mehl und Hefewasser unterkneten und weitere 4–6 Stunden gehen lassen.

HAUPTTEIG

MISCHEN UND KNETEN Hefevorteig sowie alle weiteren Zutaten für den Hauptteig, außer 30 g Milch und Butter, in die Schüssel der Knetmaschine geben und auf der kleinsten Stufe 4 Minuten mischen. Auf der höchsten Stufe für Hefeteig 10 Minuten kneten, bis sich der Teig vom Schüsselrand löst. Nach 5 Minuten eventuell die restliche Milch schluckweise dazugeben. Nach 7 Minuten die Butter in Stückchen dazugeben und mit unterkneten.

STOCKGARE Den Teig in eine leicht geölte Schüssel mit Deckel geben und rundum einmal von außen zur Mitte hin falten. Den Teig umdrehen und abgedeckt 3 Stunden gehen lassen. Zwischendurch nach 1 und 2 Stunden nochmal rundum falten und wieder umdrehen.

FORMEN Den Teig auf eine leicht bemehlte Unterlage geben, nochmal rundum zur Mitte hin falten, umdrehen und rundwirken. Mit dem Schluss nach oben in einen bemehlten runden Gärkorb geben.

STÜCKGARE Den Teig 60–90 Minuten abgedeckt gehen lassen. Nach 60 Minuten die Fingerprobe machen.

BACKEN

Den Backofen auf 250 °C Ober- und Unterhitze vorheizen, ein Backblech mit aufheizen. Dieses aus dem Backofen nehmen, den Teigling aus dem Gärkorb auf das Blech stürzen und einschneiden. Das Backblech auf die mittlere Schiene in den Backofen schieben. Backofen schwaden und die Tür verschließen. Nach 15 Minuten den Dampf ablassen und den Backofen auf 200 °C herunterschalten. Weitere 30–35 Minuten backen.

VOLLKORNBROTE FÜR BACKPROFIS

WIE GELINGT VOLLKORNBROT?

Viele von uns kennen diese Vollkornbrote aus den Biobäckereien, die es ab den 1980er-Jahren zunehmend mehr gab. Sie waren nicht unbedingt dazu geeignet, den Menschen gutes Brot näherzubringen. Ich fand die Brote eher zum Abgewöhnen und bin nach einigen Versuchen schnell wieder zum „normalen" Brot beim Bäcker gekommen.

Lediglich Brote wie Pumpernickel, die nicht diesen spelzigen Geschmack im Mund hinterließen, habe ich gerne gegessen. Bis ich vor zwei Jahren Vollkornbrot durch einen Backkurs bei einem Vollkornbäcker und das nötige Know-how für mich wiederentdeckt habe. Und zwar ein luftiges Vollkornbrot, bei dem man nicht unbedingt sofort schmeckt, dass es Vollkorn ist.

Bäckereien dürfen ihre Vollkornbrote nur so nennen, wenn sie mindestens 90 % Vollkornmehl enthalten. Die Rezepte in diesem Kapitel enthalten alle zwischen 90 und 100 % Vollkornmehl.

Es wäre einfach, wenn für Vollkornbrot das Auszugsmehl in Brotrezepten gegen Vollkornmehl getauscht werden könnte. Das ist jedoch nicht der Fall. Solche Brote wären zwar essbar, bleiben jedoch oft kompakt oder sind beim Anschneiden eher bröselig. Wirklich gut schmecken kann Vollkornbrot aber trotzdem, wenn Sie einige grundlegende Dinge beachten.

IN EINER Mühle lässt sich jedes Getreide und zudem viele Gewürze selbst in verschiedenen Mahlgraden mahlen.

DAS VOLLKORNMEHL SOLLTE MÖGLICHST FEIN GEMAHLEN SEIN

Was das Selbermahlen von Vollkorn betrifft, gehen die Meinungen sehr auseinander. Die einen meinen, es hätte keinerlei Vorteile, selbst zu mahlen. Mehl müsse einige Wochen nach dem Mahlen lagern, bevor es verarbeitet wird. Andere wiederum schwören darauf, ihr Getreide frisch zu mahlen und sofort zu verarbeiten. Ein Müller hat mir mal gesagt, es sei reine Philosophiesache, letztendlich würde es keinen Unterschied machen. Ich mahle viele meiner Getreidesorten selbst und verwende sie frisch, da ich damit nur gute Erfahrungen gemacht habe. Meine Sauerteige werden mit frisch gemahlenem Mehl gefüttert, was ihnen sichtlich guttut und ich kann auch bei Vollkornbrot keinen Nachteil finden. Im Gegenteil. Ich kann mir bei selbst gemahlenem Mehl sicher sein, dass das ganze Korn darin enthalten ist, also auch der Keim, der viele gesunde Stoffe enthält. Dieser wird in Mühlen oft entfernt und entölt, damit das Vollkornmehl nicht so schnell ranzig wird. Dadurch gehen die wertvollen Öle, die im Keim enthalten sind, leider verloren. Wie auch immer Sie Ihr Vollkornmehl verwenden, es sollte immer sehr fein gemahlen sein.

VOLLKORNTEIGE SOLLTEN LANGSAM GEKNETET WERDEN

Vollkornteige werden eher langsam und lange geknetet, damit das Mehl Zeit zum Verquellen hat und genügend Wasser aufnehmen kann. Die Flüssigkeit kann auch in mehreren Stufen untergeknetet werden.

AUTOLYSE

Bei Vollkornteigen sollte zu Beginn das Mehl mit der Flüssigkeit als Autolyseteig verarbeitet werden. Das gesamte Mehl und die Flüssigkeit werden 1–2 Minuten geknetet

VOLLKORNGETREIDE: Roggen, Dinkel und Weizen, einmal als ganze Körner und auf dem Löffel als Vollkornmehl.

und 30–60 Minuten abgedeckt stehen gelassen. Sollten bereits andere Vorteige mit einem großen Teil der Flüssigkeit gemacht worden sein, können diese hier auch zugegeben werden.

ZUGABE VON BRÜH-, QUELL- ODER KOCHSTÜCK

Mit einem Kochstück oder einem Quell- oder Brühstück mit Flohsamenschalen, Chiasamen oder Leinsamen, die alle sehr viel Wasser binden, können Sie einfach zusätzliche Flüssigkeit in Ihren Teig bringen. Auch Quell- und Brühstücke mit Saaten, Nüssen, Gemüse oder Obst tun Vollkornteigen sehr gut. Ich verwende für Vollkornbrote gerne geröstetes Altbrot, das ebenfalls viel Feuchtigkeit bindet und viel Aroma in das fertige Brot bringt.

ZUGABE VON MILCHPRODUKTEN

Milchprodukte wie Quark, Joghurt, Schmand oder Buttermilch verhelfen Vollkornteigen dazu, dass sie eine weiche fluffige Krume bekommen und mehr Feuchtigkeit in das Brot bringen.

GENÜGEND FLÜSSIGKEIT

Vollkornteige sollten mindestens 75–80 % Flüssigkeit enthalten, damit sie nicht zu trocken werden. Auf 100 g Mehl sollte also 75–80 g Flüssigkeit gegeben werden.

Alle Rezepte in diesem Kapitel werden wieder nur mit Roggen-, Dinkel- und Weizenvollkornmehl gemacht.

VOLLKORN-CIABATTA-BRÖTCHEN

Eine wunderbare und einfache Möglichkeit, gute Vollkornbrötchen selbst zu backen, sind Ciabatta-Brötchen. Der Teig geht lange und wird dann einfach abgestochen, muss also nicht geformt werden. Damit der Teig nicht klebt, muss man die Arbeitsfläche und die Oberfläche des Teiges gut bemehlen. Zum Abstechen eignet sich am besten eine große scharfe Teigkarte aus Plastik. Die Größe und Form können Sie selbst bestimmen, von kleinen Frühstücksbrötchen bis zu größeren Brötchen zum Belegen fürs Mittagessen ist alles möglich.

Zubereitungszeit: 13–15 Stunden
Stockgare: 12–14 (–48) Stunden
Stückgare: 60 Minuten
Backzeit: 15–20 Minuten

ZUTATEN FÜR 8–10 STÜCK, JE NACH GRÖSSE

300 g Weizenvollkornmehl
150 g Dinkelvollkornmehl
50 g Weizenmehl 550
380 g Wasser
30 g Anstellgut für Weizensauerteig
3 g frische Hefe
2 TL Honig
20 g Olivenöl
12 g Salz

TEIG

AUTOLYSE Das gesamte Mehl und Wasser in die Schüssel der Knetmaschine geben und auf der kleinsten Stufe 1 Minute vermischen. 1 Stunde quellen lassen.

MISCHEN UND KNETEN Restliche Zutaten dazugeben und auf der kleinsten Stufe 8 Minuten mischen. Auf der höchsten Stufe für Hefeteig weitere 4 Minuten kneten.

STOCKGARE Den Teig in eine leicht geölte Schüssel mit Deckel geben. Rundum einmal von außen zur Mitte hin falten. Den Teig umdrehen und abgedeckt bei Raumtemperatur 12–14 Stunden gehen lassen, zwischendurch möglichst noch einige Male falten. Alternativ kann der Teig nach 3 Stunden Gare bei Raumtemperatur bis zu 48 Stunden kühl gestellt werden. Dann 1–2 Stunden bei Raumtemperatur akklimatisieren lassen und anschließend formen.

FORMEN Den Teig auf eine gut bemehlte Unterlage geben, die Oberfläche bemehlen und mit einer großen Teigkarte von unten her zu einem Rechteck ziehen. Die Teigkarte wird dabei unter den Teig geschoben und der Teig damit etwas länger gezogen (es gibt spezielle sehr große Teigkarten dafür). Mit einer scharfen Teigkarte Teiglinge abstechen 1–2. Diese mit der Teigkarte auf Backpapier legen.

STÜCKGARE Den Teig abgedeckt 60 Minuten gehen lassen.

BACKEN

Den Backofen auf 250 °C Ober- und Unterhitze vorheizen, ein Backblech mit aufheizen. Dieses aus dem Backofen nehmen, das Backpapier mit den Teiglingen auf das Backblech ziehen und das Blech auf die mittlere Schiene in den Backofen schieben. Backofen schwaden und sofort die Tür verschließen. Nach 10 Minuten den Dampf ablassen. Weitere 5–10 Minuten backen.

1

2

WEIZEN-VOLLKORNKRUSTE

Damit der Teig für dieses Vollkornbrot genügend Triebkraft bekommt, wird der Sauerteig zweistufig geführt. Da Vollkornbrote schnell trocken werden, wenn nicht genügend Flüssigkeit im Teig ist, wird ein kleiner Teil vom Mehl als Kochstück vorbereitet. Als Kartoffelflocken verwende ich Kartoffelpüreepulver in Bioqualität.

Zubereitungszeit: 24–26 Stunden
Stockgare: 4 Stunden
Stückgare: 60–90 Minuten
Backzeit: 45–50 Minuten

ZUTATEN FÜR 1 BROT, KASTENFORM ca. 30 × 11 cm ODER KLEINE HOLZFÖRMCHEN, ca. 1000 g

Weizensauerteig
200 g Weizenvollkornmehl
200 g Wasser
30 g Anstellgut für Weizensauerteig

Kochstück
50 g Weizenvollkornmehl
250 g Wasser
5 g Salz
2 TL Leinsamen geschrotet

Hauptteig
Weizensauerteig
Kochstück
250 g Weizenvollkornmehl
50 g Roggenmehl 1150
50 g Roggenvollkornmehl
20 g Kartoffelflocken
3 g frische Hefe
2 TL Zuckerrübensirup
7 g Salz

WEIZENSAUERTEIG

Anstellgut mit 100 g Mehl und 100 g Wasser vermischen. Teig abgedeckt 12–14 Stunden bei Raumtemperatur gehen lassen. Restliches Mehl und Wasser unterrühren und weitere 6 Stunden bei Raumtemperatur gehen lassen.

KOCHSTÜCK

Das Mehl mit dem Wasser, Salz und den Leinsamen glattrühren und aufkochen. Kurz kochen lassen und 2–3 Stunden abkühlen lassen.

HAUPTTEIG

AUTOLYSE Das gesamte Mehl, Kartoffelflocken, Weizensauerteig und Kochstück in die Schüssel der Knetmaschine geben, auf der kleinsten Stufe 1 Minute mischen und 30–45 Minuten quellen lassen.

MISCHEN UND KNETEN Hefe, Zuckerrübensirup und Salz zugeben und auf der kleinsten Stufe 10 Minuten mischen. Auf der höchsten Stufe für Hefeteig 6 Minuten kneten. Wenn der Teig jetzt noch trocken wirkt, können Sie schluckweise etwas Wasser zugeben und unterkneten.

STOCKGARE Den Teig in eine leicht geölte Schüssel mit Deckel geben und rundum einmal von außen zur Mitte hin falten. Den Teig umdrehen und abgedeckt 4 Stunden gehen lassen. Zwischendurch nach 2 und 3 Stunden nochmal rundum falten und wieder umdrehen.

FORMEN Den Teig auf eine leicht bemehlte Unterlage geben, nochmal rundum zur Mitte hin falten, umdrehen und rundwirken. 10 Minuten ruhen lassen. Langwirken und mit dem Schluss nach unten in eine gefettete Kastenform geben, oder den Teig teilen und in kleine Förmchen geben.

STÜCKGARE Den Teig 60–90 Minuten abgedeckt gehen lassen. Nach 60 Minuten die Fingerprobe machen.

BACKEN

Den Backofen auf 250 °C Ober- und Unterhitze vorheizen, ein Backblech auf der mittleren Schiene mit aufheizen. Den Teig in der Form einschneiden und die Form auf das heiße Backblech in den Ofen geben. Backofen schwaden und die Tür verschließen. Nach 15 Minuten den Dampf ablassen und den Backofen auf 200 °C herunterschalten. Weitere 30–35 Minuten backen.

3ER VOLLKORNLAIB

Durch ein Kochstück und einen geriebenen Apfel wird dieses Brot wunderbar saftig und hält lange frisch. Hefewasser kann gut dazu verwendet werden, einen Sauerteig anzusetzen. Als Alternative kann der Roggensauerteig mit Anstellgut angesetzt und im Hauptteig Wasser und 5 g Hefe genommen werden. Das Mehl habe ich frisch gemahlen und mit einem Mehlsieb durchgesiebt. Die übrige Kleie kommt in das Kochstück.

Zubereitungszeit: 21–22 Stunden
Stockgare: 3 Stunden
Stückgare: 90–120 Minuten
Backzeit: 45–50 Minuten

ZUTATEN FÜR 1 BROT, ca. 1100 g

Roggensauerteig
150 g Roggenvollkornmehl
150 g Hefewasser

Kochstück
30 g Dinkelvollkornmehl (inkl. Kleie vom gesamten gemahlenen Mehl)
5 g Flohsamenschalen
150 g Wasser

Hauptteig
Roggensauerteig
Kochstück
120 g Dinkelvollkornmehl
250 g Weizenvollkornmehl
180 g Apfel-Hefewasser (1 Apfel, geschält und gerieben, aufgefüllt mit Hefewasser auf 180 g)
120 g Lievito Madre, mindestens 4 Stunden vorher gefüttert
60 g Altbrot
2 TL Zuckerrübensirup
12 g Salz

ROGGENSAUERTEIG

Hefewasser und Roggenmehl vermischen und bei Raumtemperatur 14 Stunden gehen lassen.

KOCHSTÜCK

Mehl und Flohsamenschalen mit dem Wasser gründlich verrühren. Unter Rühren kurz aufkochen und 2–3 Stunden abkühlen lassen.

HAUPTTEIG

AUTOLYSE Das Mehl mit dem Kochstück und dem Apfel-Hefewasser in die Schüssel der Knetmaschine geben und kurz vermischen, bis keine Mehlnester mehr zu sehen sind. 1 Stunde abgedeckt stehen lassen.

MISCHEN UND KNETEN Roggensauerteig sowie alle restlichen Zutaten für den Hauptteig dazugeben und auf der kleinsten Stufe 8 Minuten mischen. Auf der höchsten Stufe für Hefeteig 4 Minuten kneten.

STOCKGARE Den Teig in eine leicht geölte Schüssel mit Deckel geben und rundum einmal von außen zur Mitte hin falten. Den Teig umdrehen und abgedeckt 3 Stunden gehen lassen. Zwischendurch nach 1 und 2 Stunden nochmal rundum falten und wieder umdrehen.

FORMEN Den Teig auf eine leicht bemehlte Unterlage geben, nochmal rundum zur Mitte hin falten, umdrehen und rundwirken. Mit dem Schluss nach oben in einen bemehlten Gärkorb geben.

STÜCKGARE Den Teig 90–120 Minuten abgedeckt gehen lassen. Nach 90 Minuten die Fingerprobe machen. Teige mit Hefewasser brauchen etwas länger.

BACKEN

Den Backofen auf 250 °C Ober- und Unterhitze vorheizen, ein Backblech mit aufheizen. Dieses aus dem Backofen nehmen, den Teigling aus dem Gärkorb auf das Blech stürzen und einschneiden. Das Backblech auf die mittlere Schiene in den Backofen schieben. Backofen schwaden und die Tür verschließen. Nach 15 Minuten den Dampf ablassen und den Backofen auf 200 °C herunterschalten. Weitere 30–35 Minuten backen.

Tipp:
Pumpernickel sollte mindestens 24 Stunden nach dem Backen offen liegen bleiben, bevor es angeschnitten wird. Ansonsten wird es leicht bröselig.

PUMPERNICKEL

Pumpernickel ist ein etwas außergewöhnliches Rezept, da das Brot sehr lange bei niedriger Temperatur gebacken wird. Erst durch das lange Backen bekommt es seinen Geschmack und die dunkle Farbe. Es lohnt sich aber sehr, weil das Brot unglaublich lecker schmeckt. Ich backe es immer in großen Weckgläsern in drei- oder vierfacher Menge und wecke es anschließend ein. So hält es Monate und der Energieverbrauch hält sich in Grenzen. Der weiche Teig wird nach dem Mischen zur Kesselgare gestellt, d. h. er bleibt in der Rührschüssel und geht darin.

Zubereitungszeit: 41–42 Stunden
Stockgare: 2–3 Stunden
Stückgare: 4 Stunden
Backzeit: 16 Stunden

ZUTATEN FÜR 1 KASTENBROT, KASTENFORM ca. 33 × 11 cm, ca. 1450 g

Roggensauerteig
150 g Roggenschrot
150 g Wasser
30 g Anstellgut für Roggensauerteig

Kochstück
100 g Roggenkörner
400 g Wasser

Brühstück
100 g Roggenschrot
100 g Sonnenblumenkerne
150 g kochendes Wasser

Hauptteig
Roggensauerteig
Kochstück
Brühstück
200 g Roggenschrot
150 g Roggenvollkornmehl
270 g Wasser
50 g Zuckerrübensirup (nicht ersetzen)
14 g Salz

ROGGENSAUERTEIG

Das Anstellgut im Wasser auflösen und Roggenschrot untermischen. Den Teig abgedeckt 18 Stunden bei Raumtemperatur gehen lassen.

KOCHSTÜCK

Die Roggenkörner in einen Topf geben, mit dem Wasser auffüllen und 1 Stunde mit geschlossenem Deckel kochen lassen. Durch ein Sieb abgießen und abkühlen lassen.

BRÜHSTÜCK

Roggenschrot und Sonnenblumenkerne mischen und mit dem Wasser übergießen. 3–4 Stunden quellen lassen. Für noch mehr Geschmack können Sie die Sonnenblumenkerne vorher anrösten.

HAUPTTEIG

MISCHEN Roggensauerteig, Kochstück und Brühstück sowie alle weiteren Zutaten für den Hauptteig in die Schüssel der Knetmaschine geben und auf der kleinsten Stufe 12 Minuten mischen. Das Kneten entfällt bei diesem Rezept.

STOCKGARE Den Teig in der Schüssel 2–3 Stunden abgedeckt bei Raumtemperatur gehen lassen.

FORMEN Den Teig mit einer Teigkarte in eine gefettete Kastenform geben und mit nassen Händen glattstreichen. Am besten eignet sich eine Kastenform mit Deckel. Wenn Sie das nicht haben, decken Sie den Kasten beim Backen mit Alufolie ab. Die Kastenform kann zu ¾ gefüllt werden.

STÜCKGARE Den Teig 4 Stunden abgedeckt gehen lassen.

BACKEN

Die Kastenform in den Backofen auf die mittlere Schiene geben. Den Backofen auf 120 °C Ober- und Unterhitze einstellen und das Brot insgesamt 16 Stunden backen.

ODENWÄLDER VOLLKORNKASTEN

Bei diesem Weizen-Dinkel-Mischbrot besteht der Vorteig aus Lievito Madre, der für eine bessere Triebkraft in 2 Stufen geführt wird. Flohsamenschalen im Hauptteig geben dem Teig Stabilität und Feuchtigkeit.

Zubereitungszeit: 16–20 Stunden
Stockgare: 3 Stunden
Stückgare: 60–90 Minuten
Backzeit: 45–50 Minuten

ZUTATEN FÜR 1 KASTENFORM, ca. 33 × 11 cm, ca. 900 g

Lievito-Vorteig
200 g Dinkelvollkornmehl
150 g Wasser
50 g Lievito Madre aus dem Kühlschrank

Hauptteig
Lievito-Vorteig
250 g Weizenvollkornmehl
50 g Weizenmehl 550
100 g Wasser
5 g frische Hefe
150 g Sahnejoghurt
5 g Flohsamenschalen
50 g Sonnenblumenkerne
12 g Salz
1 TL Agavendicksaft
15 g Sonnenblumenöl

LIEVITO-VORTEIG

Den Lievito Madre in 100 g Wasser auflösen und etwas schaumig schlagen. 100 g Dinkelvollkornmehl untermischen. 6 Stunden stehen lassen, dann das restliche Dinkelmehl und Wasser unterkneten. Weitere 4 Stunden stehen lassen. Wenn es zeitlich besser passt, kann der Vorteig auch 12–14 Stunden stehen bleiben.

HAUPTTEIG

MISCHEN UND KNETEN Lievito-Vorteig sowie alle weiteren Zutaten für den Hauptteig, außer Öl und 30 g Wasser, in die Schüssel der Teigmaschine geben und 6 Minuten langsam mischen. Weitere 6 Minuten auf der höchsten Stufe für Hefeteige verkneten. Nach 2 Minuten das restliche Wasser schluckweise zugeben und unterkneten. Nach 4 Minuten das Öl untermischen.

STOCKGARE Den Teig in eine leicht geölte Schüssel geben, einmal rundum falten und 3 Stunden gehen lassen. Zwischendurch nach 1 und 2 Stunden nochmal falten.

FORMEN Den Teig auf ein bemehltes Backbrett geben und vorsichtig ohne zu viel Druck einmal rundum falten. 10 Minuten ruhen lassen. Langwirken, mit dem Schluss nach unten in eine gefettete Kastenform geben und bemehlen.

STÜCKGARE Den Teig 60–90 Minuten gehen lassen.

BACKEN

Den Backofen auf 250 °C Ober- und Unterhitze vorheizen, ein Backblech auf der mittleren Schiene mit aufheizen. Den Teigling einschneiden und die Kastenform in den Backofen schieben. Den Backofen schwaden. Nach 15 Minuten den Backofen kurz öffnen und den Dampf ablassen. Backofen auf 220 °C herunterschalten und weitere 30–35 Minuten backen.

3-KORN-SAATEN-BROT

Das Mehl für dieses Brot wurde fein gemahlen und vor Verwendung nochmal durch ein Mehlsieb gesiebt. Die übrig gebliebene Kleie können Sie für das Kochstück nehmen. Durch ein Quellstück, das Kochstück und einen Autolyseteig kommt viel Feuchtigkeit in die Krume und das Brot wird schön locker und fluffig. Das Quell- und Kochstück können Sie bereits am Vorabend herstellen und nach dem Abkühlen bis zum nächsten Tag im Kühlschrank lagern.

Zubereitungszeit: 11–13 Stunden
Stockgare: 6 Stunden
Stückgare: 120–150 Minuten
Backzeit: 45–50 Minuten

ZUTATEN FÜR 1 BROT, KASTENFORM ca. 29 × 12 cm, ca. 1300 g

Quellstück
20 g Mohn
40 g Sonnenblumenkerne
20 g Leinsamen geschrotet
80 g feine Haferflocken
150 Buttermilch

Kochstück
50 g Dinkelvollkornmehl (Kleie vom Durchsieben aufgefüllt mit Dinkelvollkornmehl auf 50 g)
8 g Flohsamenschalen
250 g Wasser

Hauptteig
Kochstück
Quellstück
350 g Weizenvollkornmehl
150 g Dinkelvollkornmehl
200 g Buttermilch
70 g Lievito Madre, mindestens 4 Stunden vorher gefüttert
30 g Weizen-Anstellgut aus dem Kühlschrank
20 g Rohrohrzucker
4 g frische Hefe
12 g Salz
60 g Butter
zum Einpinseln: Milch

QUELLSTÜCK

Kerne und Flocken in einer Pfanne trocken rösten, mit den Leinsamen und Mohn mischen und mit Buttermilch übergießen. 2–3 Stunden quellen lassen.

KOCHSTÜCK

Das Mehl mit den Flohsamenschalen und dem Wasser glattrühren. Aufkochen, kurz kochen lassen und 2–3 Stunden abkühlen lassen.

HAUPTTEIG

AUTOLYSE Kochstück, Quellstück, das gesamte Mehl und die Buttermilch in den Topf geben und 1 Minute auf kleinster Stufe verkneten. 1 Stunde quellen lassen.

MISCHEN UND KNETEN Restliche Zutaten dazugeben und auf der kleinsten Stufe 10 Minuten mischen. Auf der höchsten Stufe für Hefeteig 5 Minuten kneten, bis sich der Teig vom Schüsselrand löst. Nach 12 Minuten die Butter in Stücken zum Teig geben und mit unterkneten.

STOCKGARE Den Teig in eine leicht geölte Schüssel mit Deckel geben und rundum einmal von außen zur Mitte hin falten. Den Teig umdrehen, abgedeckt 6 Stunden gehen lassen und in dieser Zeit zweimal falten.

FORMEN Den Teig auf eine leicht bemehlte Unterlage geben und rundwirken. Langwirken, mit dem Schluss nach unten in eine gefettete Form setzen.

STÜCKGARE Den Teig abgedeckt 120–150 Minuten gehen lassen. Nach 120 Minuten die Fingerprobe machen. Der Teig sollte sich mindestens verdoppeln und fast Vollgare haben. Mit Milch einpinseln.

BACKEN

Den Backofen auf 250 °C Ober- und Unterhitze vorheizen, ein Backblech auf der mittleren Schiene mit aufheizen. Die Kastenform auf das Backblech in den Backofen schieben. Backofen schwaden und sofort die Tür verschließen. Nach 10 Minuten den Dampf ablassen und den Backofen auf 200 °C herunterschalten. Weitere 35–40 Minuten backen.

BROT BACKEN MIT BESONDEREN MEHLSORTEN UND GETREIDEARTEN

BESONDERE MEHLSORTEN UND GETREIDEARTEN

Wenn man die Grundsätze des Brotbackens verstanden hat und die Ergebnisse zunehmend besser werden, kommt bei vielen Hobbybäckern ein großes Interesse an besonderen Mehl- bzw. Getreidesorten auf. Es gibt tatsächlich so viele verschiedene Sorten, die teilweise nicht mal gelernten Bäckern bekannt sind. Jede Sorte hat einen eigenen Geschmack oder spezielle Eigenarten. Durch die Globalisierung ist es heute ganz einfach, die meisten Sorten über den Online-Handel zu bekommen.

Neben den gängigen Getreidearten Weizen, Dinkel und Roggen gibt es im Handel häufig noch Hafer, Gerste und Hartweizen zu kaufen. Hartweizen kennen viele von uns aus der Nudelherstellung. Es lässt sich aber auch wunderbar für Brotteige verwenden und wird in Italien häufig in Broten verbacken. Aus Italien kommen weitere Mehlsorten wie Tipo oder Manitobamehl. Auch Frankreich, Österreich und die Schweiz haben eigene Mehltypen, die sich sehr gut für die Brotbäckerei eignen und sich von den deutschen Mehlen unterscheiden.

In den letzten Jahren kommen zunehmend mehr Urkornsorten auf den deutschen und österreichischen Markt. Immer mehr Landwirte bauen aus Überzeugung diese alten Sorten wieder an. Sie gelten als bekömmlicher und haben alle einen ganz eigenen unvergleichlichen Geschmack.

Die folgende Auflistung ist eine Übersicht über die gängigen Mehlsorten, die zum Brotbacken verwendet werden können und in speziellen Online-Shops für Hobbybäcker in guter Qualität zu bekommen sind. Im Anhang (Seite 186) sind einige davon aufgelistet.

BESONDERE GETREIDESORTEN IN DEUTSCHLAND

GERSTE Eines der ältesten Getreide ist die Gerste. Zum Brotbacken kann man sie nur in kleinen Mengen verwenden, da sie zu wenig Gluten enthält. Gerste gibt es so gut wie nur als ganzes Korn.

HAFER Hafer gilt als ein sehr gesundes Getreide mit viel Protein und einem hohen Ölgehalt. Er eignet sich ebenfalls nur in kleinen Mengen zum Brotbacken, da er wenig Gluten enthält und außerdem in zu großer Menge bitter werden kann. Hafer erhält man in der Regel als ganzes Korn, gemahlen bekommt man ihn eher selten. Das Mehl wird entweder aus dem ganzen Korn oder aus Flocken gemahlen.

HARTWEIZEN Hartweizen, auch Durum genannt, ist eine besondere Weizenart mit einem hohen Glutengehalt. Er wird vor allem für Nudelteige, Couscous und Bulgur verwendet. Aus italienischen Brotrezepten kennt man ihn als Semola oder Semola rimanicata (doppelt gemahlener Hartweizengrieß). Hartweizen gibt es als Mehl oder Grieß.

LICHTKORNROGGEN Bei Lichtkornroggen handelt es sich um eine relativ neu gezüchtete Roggensorte. Er kann wie normaler Roggen verwendet werden, ist jedoch milder im Geschmack und etwas heller. Lichtkornroggen bekommt man üblicherweise als ganzes Korn.

URGETREIDEARTEN UND -SORTEN

Urgetreide wird in Deutschland und Österreich zunehmend mehr angebaut. Durch den wesentlich kleineren Ertrag ist es nicht ganz billig, lohnt sich aber durchaus. Jedes Getreide hat einen ganz eigenen Geschmack. Die meisten Hobbybäcker entwickeln eine Vorliebe für die eine oder andere Sorte bzw. Art. Meine Favoriten sind Emmer und Waldstaudenroggen, ich backe aber auch mit allen anderen Sorten gerne. Einkorn verwende ich eher zum Kuchenbacken oder Kochen. Alle Urgetreidearten und -sorten bekommt man als ganzes Korn oder gemahlen.

CHAMPAGNERROGGEN Diese alte Sorte stammt ursprünglich aus der Champagne in Frankreich und wird in den letzten Jahren auch bei uns zunehmend mehr angebaut. Geschmacklich ist er milder als der bei uns übliche Roggen. Champagnerroggen gibt es als Vollkornmehl, ganzes Korn oder Auszugsmehl.

EINKORN Eines der ältesten kultivierten Getreide ist das Einkorn. Aus ihm entwickelten sich im Laufe der Auslese- und Zuchttätigkeit die heutigen Kulturweizenarten.
Es gilt jedoch als gesünder und enthält mehr Aminosäuren und Mineralstoffe als die herkömmlichen Weizenarten und -sorten. Einkorn gibt es als ganzes Korn und Vollkornmehl.

EMMER Mit dem Hartweizen nah verwandt ist der Emmer. Er enthält jedoch weniger Gluten und sollte daher für Brotteige mit anderen Mehlsorten gemischt werden. Brote mit Emmermehl bekommen einen kräftigen, nussigen Geschmack. Emmer gibt es als Weißen und Schwarzen Emmer und sowohl als Auszugsmehl, wie als Emmervollkornmehl oder ganzes Korn.

GELBWEIZEN Unter Gelbweizen versteht man alte Weizensorten, die durch ihre Inhaltsstoffe (Carotinoide) eine Gelbfärbung aufweisen. Das Mehl wird wegen seiner Farbe gern für Nudelteige oder süßes Hefegebäck verwendet, eignet sich aber auch für Brotteige sehr gut. Brote mit Gelbweizen bekommen einen leicht nussigen Geschmack. Es ist sowohl als Auszugsmehl wie auch als Vollkornmehl und ganzes Korn erhältlich.

KHORASAN-WEIZEN (KAMUT) Khorasan ist eine Weizen-Urform. Es enthält jedoch im Vergleich zu den heute gängigen Weizen-, Dinkel- und Roggensorten mehr Vitamine sowie Mineralstoffe und hat sehr gute Klebereigenschaften. Kamut gibt es als ganzes Korn, als Vollkornmehl und als Auszugsmehl zu kaufen.

PURPURWEIZEN Hierbei handelt es sich um eine Weichweizensorte. Purpurweizen hat sowohl als ganzes Korn wie auch gemahlen eine rötliche Färbung und soll aufgrund seiner Inhaltsstoffe gesünder sein als herkömmlicher Weichweizen. Brotteige mit Purpurweizen werden kräftiger und leicht nussig im Geschmack. Erhältlich ist er vor allem als ganzes Korn.

ROTKORNWEIZEN Diese sehr alte Weizensorte soll gesünder sein als der bei uns übliche Weizen. In Brotteigen bewirkt er einen nussigen und kräftigen Geschmack. Rotkornweizen gibt es vor allem als ganzes Korn.

WALDSTAUDENROGGEN Im Vergleich zum üblichen Roggen soll Waldstaudenroggen einen wesentlich höheren Ballaststoffgehalt haben. Brote bekommen durch ihn einen sehr aromatischen und kräftigen Geschmack. Man bekommt diese Roggensorte vor allem als ganzes Korn, aber auch als Vollkornmehl.

FRANZÖSISCHE MEHLSORTEN

Französische Mehlsorten sind bei Hobbybäckern sehr beliebt, weil sie bei typischen französischen Backwaren, wie z. B. Baguette, ein ganz besonderes Aroma entwickeln und oft durch einen höheren Glutengehalt bessere Ergebnisse bringen. Sie sind in einigen Online-Shops in Deutschland erhältlich, oder man fährt im Grenzgebiet zu einer der dort ansässigen Mühlen. Alle hier aufgelisteten Mehltypen bestehen aus Weizenmehl.

T45 Dieses Mehl ist mit dem 405er bei uns vergleichbar, jedoch feiner ausgemahlen. Es wird überwiegend für Feingebäck wie Brioche oder Hefegebäck verwendet.

T55 Dieser Mehltyp entspricht ungefähr dem 550er Weizenmehl, enthält jedoch mehr Gluten. Er eignet sich für helle Brote und Brötchen.

T65 Das typische Baguettemehl, ebenfalls mit höherem Glutengehalt.

T80 Dieser Mehltyp wird auf Stein gemahlen und enthält mehr Schalenanteile. Dadurch nimmt das Mehl viel Flüssigkeit auf. Das T80 ist ein sehr beliebtes Mehl unter Hobbybäckern und wird für etwas kräftigere helle Brote verwendet. Es bringt durch eine höhere Wasseraufnahme viel Feuchtigkeit in den Teig und hat einen besonderen Geschmack.

T110 Dieser Typ ist ein eher dunkleres Mehl für Mischbrote und spielt bei Hobbybäckern kaum eine Rolle.

T150 Dieses Mehl wird für dunkle Brote genommen. Es ist mit dem 1600er Weizenmehl vergleichbar, das es in Österreich gibt.

ITALIENISCHE MEHLSORTEN

Die gängigen italienischen Mehlsorten sind Weizenmehle, die allerdings häufig einen höheren Glutengehalt haben als deutsche Mehle. Sie bekommen fast alle Sorten in italienischen Supermärkten oder im Online-Handel.

MANITOBAMEHL Manitoba kommt ursprünglich aus Kanada, wird jedoch in großen Mengen in Italien produziert. Es handelt sich dabei um eine Art Edelweizen. Der Klebergehalt ist sehr hoch, was Teigen mit Manitoba ein starkes dehnbares Glutengerüst verleiht. Backwaren bekommen so viel Volumen. Manitobamehl ist ideal für Teige mit wenig Hefe.

TIPO 0 Diese Mehlsorte bindet mehr Wasser als deutsches Weizenmehl. Es wird besonders für Ciabatta oder Focaccia und Panettone genommen.

TIPO 00 Dieses Mehl bekommt man häufig als Pizzamehl in deutschen Geschäften. Es enthält ebenfalls viel Gluten und wird feiner gemahlen als das deutsche Auszugsmehl. Daher nimmt es mehr Flüssigkeit auf. Es eignet sich für Pizzateige, aber auch für Brotteige.

SCHWEIZER MEHLSORTEN

In der Schweiz gibt es außer Weißmehl und Halbweißmehl das unter Hobbybäckern sehr beliebte Ruchmehl. Es enthält mehr äußere Schalenanteile als gängige Mehlsorten und gilt daher als gesünder. Ruchmehl hat einen ganz eigenen, etwas nussigen Geschmack und kann sowohl aus Weizen wie auch aus Dinkel hergestellt werden.

ÖSTERREICHISCHE MEHLSORTEN

Auch Österreich hat eigene Mehltypen, die aber im Wesentlichen den deutschen entsprechen und nur andere Nummern bzw. Typenzahlen haben. Es gibt jedoch eine besondere Sorte, die bei uns kaum zu bekommen ist – das Schwarzroggenmehl. Dabei handelt es sich um ein dunkles Roggenmehl Typ 2500, das nach einem speziellen Mahlverfahren hergestellt wird. Es enthält besonders viele Schalenanteile und eignet sich daher gut für Roggenbrote. Schwarzroggenmehl kann jedoch nicht allein verbacken werden, da es beim Kneten zu viel Wasser aufnehmen und im fertigen Brot eine sehr klitschige Krume ergeben würde. Daher werden höchstens 10–15 % der Mehlmenge zugegeben. Schwarzroggenmehl ergibt ein dunkleres Brot mit kräftigem Geschmack und einer feuchten Krume.

Außer diesen Typen und Sorten gibt es noch verschiedene besondere Mehlmischungen, die unter Hobbybäckern sehr verbreitet sind. Dazu zählen beispielsweise das Alpenroggenmehl, das Elsässer Brötchenmehl oder das Ciabattamehl.

GLUTENFREIE MEHLSORTEN

Glutenfreie Mehle können ebenfalls in kleinen Mengen Brotteigen zugegeben werden. Sie bewirken oft einen besonderen Geschmack. Da sie alle kein Gluten enthalten, sollten sie nur in kleinen Mengen von 10–20 % der Mehlmenge zugegeben werden. Zu den glutenfreien Sorten gehören u. a. Amaranth, Buchweizen, Hirse, Kartoffelmehl, Kastanienmehl, Kichererbsenmehl, Maismehl, Quinoa, Canihua und noch einige mehr. Einige glutenfreie Getreidesorten gibt es als Pops und Flocken.

ELSÄSSER BRÖTCHEN „ALL-IN-ONE"

Eine meiner Lieblingsmehlsorten für Brötchen ist das Elsässer Brötchenmehl, das alleine für sich verbacken werden kann oder auch gemischt mit anderen Mehlsorten super ist. Der Teig wird ohne Vorteige „All-in-One" angesetzt und lange bei Raumtemperatur gehen gelassen. Sie können ihn morgens vorbereiten, um abends Brötchen zu backen oder abends für das Frühstück am nächsten Morgen. Er kann zwischen 6 und 10 Stunden bei Raumtemperatur stehen bleiben.

Zubereitungszeit: 8–12 Stunden
Stockgare: 6–10 Stunden
Stückgare: 60 Minuten
Backzeit: 15–20 Minuten

ZUTATEN FÜR 10 BRÖTCHEN

400 g Elsässer Brötchenmehl
100 g Hartweizenmehl, alternativ Hartweizengrieß oder Weizenmehl 550
50 g Anstellgut für Weizensauerteig
300 g Wasser
2 g frische Hefe
120 g Lievito Madre aus dem Kühlschrank
1 TL Honig
12 g Salz
40 g Butter

TEIG

MISCHEN UND KNETEN Alle Teigzutaten, außer 30 g Wasser und Butter, in die Schüssel der Knetmaschine geben und auf der kleinsten Stufe 2 Minuten mischen. Auf der höchsten Stufe für Hefeteig 16 Minuten kneten, bis sich der Teig vom Schüsselrand löst. Nach 8 Minuten eventuell das restliche Wasser schluckweise dazugeben und mit unterkneten. Nach 12 Minuten die Butter in Stücken dazugeben und mit unterkneten.

STOCKGARE Den Teig in eine leicht geölte Schüssel mit Deckel geben und rundum einmal von außen zur Mitte hin falten. Den Teig umdrehen und abgedeckt 6–10 Stunden gehen lassen. Zwischendurch nach 1 und 2 Stunden nochmal rundum falten und wieder umdrehen.

FORMEN Den Teig auf eine leicht bemehlte Unterlage geben und Teiglinge von etwa 100 g abstechen. Jeden Teigling rundwirken und 20 Minuten abgedeckt gehen lassen. Umdrehen und zu Dreiecken formen, indem die Ränder nach innen geklappt werden ❶–❷. Bemehlen und auf Backpapier oder Backfolie setzen.

STÜCKGARE Die Teiglinge 60 Minuten abgedeckt gehen lassen. Die Teiglinge sollten Vollgare haben, damit sie nicht raufreißen ❸.

BACKEN

Den Backofen auf 250 °C Ober- und Unterhitze vorheizen, ein Backblech mit aufheizen. Dieses aus dem Backofen nehmen und die Teiglinge mit dem Backpapier daraufziehen. Das Backblech auf die mittlere Schiene in den Backofen schieben. Backofen schwaden und die Tür verschließen. Nach 10 Minuten den Dampf ablassen den Backofen auf 200 °C herunterschalten. Weitere 5–10 Minuten backen.

1

2

3

Tipp:
Die Stockgare könnte auch auf bis zu 48 Stunden verlängert werden, wenn der Teig kühl gestellt wird.

Tipp: Da der Teig ziemlich weich ist, wird er in einer Kastenform gebacken und die komplette Schüttflüssigkeit zu Beginn dazugegeben.

URKORN-BOX

Der Teig für dieses Brot besteht ausschließlich aus verschiedenen Urkornsorten aus dem vollen Korn. Daher wird der Sauerteig zweistufig geführt, um genügend Triebkraft in den Teig zu bekommen. Damit die Krume schön saftig wird, kommt ein Kochstück aus Emmer, Leinsamen und Wasser mit in den Teig. Dieses kann bereits am Vortag hergestellt und nach dem Abkühlen kühl gestellt werden.

Zubereitungszeit: 28–30 Stunden
Stockgare: 2 Stunden
Stückgare: 90–120 Minuten
Backzeit: 45–50 Minuten

ZUTATEN FÜR ca. 1 BROT, KASTENFORM ca. 30 × 11 cm, 1150 g

Weizensauerteig
150 g Kamutvollkornmehl
150 g Wasser
30 g Anstellgut für Weizensauerteig

Kochstück
35 g Emmervollkornmehl
30 g Leinsamen
210 g Wasser

Hauptteig
Weizensauerteig
Kochstück
250 g Emmervollkornmehl
100 g Waldstaudenroggen-Vollkornmehl
130 g Wasser
160 g Lievito Madre, mindestens 4 Stunden vorher gefüttert
2 g frische Hefe
1 TL Honig
12 g Salz
30 g Butter

WEIZENSAUERTEIG

Das Anstellgut mit 100 g Kamutmehl und 100 g Wasser vermischen. Den Teig abgedeckt 16–18 Stunden bei Raumtemperatur gehen lassen. Das restliche Mehl und Wasser unterrühren und weitere 7 Stunden bei Raumtemperatur gehen lassen.

KOCHSTÜCK

Das Emmermehl mit den Leinsamen und dem Wasser verrühren, aufkochen und 3–4 Stunden abkühlen lassen.

HAUPTTEIG

AUTOLYSE Emmermehl und Waldstaudenroggenmehl mit dem Wasser und dem Kochstück in die Schüssel der Knetmaschine geben, auf kleiner Stufe mischen und 1 Stunde abgedeckt stehen lassen.

MISCHEN UND KNETEN Den Weizensauerteig und alle restlichen Zutaten, außer Butter, dazugeben und auf der kleinsten Stufe 4 Minuten mischen. Auf der höchsten Stufe für Hefeteig 10 Minuten kneten. In den letzten 3 Minuten die Butter in Stückchen dazugeben und mit unterkneten.

STOCKGARE Den Teig in der Knetschüssel abgedeckt 2 Stunden gehen lassen.

FORMEN Der Teig wird bei diesem Brot weder gefaltet noch geformt, sondern kommt direkt aus der Teigschüssel in eine gefettete Kastenform. Mit nassen Händen glattstreichen und mit Roggenmehl bestäuben.

STÜCKGARE Den Teig 90–120 Minuten abgedeckt gehen lassen. Nach 90 Minuten die Fingerprobe machen.

BACKEN

Den Backofen auf 250 °C Ober- und Unterhitze vorheizen, ein Backblech auf der mittleren Schiene mit aufheizen. Die Kastenform direkt auf das Backblech schieben. Backofen schwaden, sofern nicht in einer geschlossenen Form gebacken wird, und die Tür verschließen. Nach 15 Minuten den Dampf ablassen und den Backofen auf 200 °C herunterschalten. Weitere 30–35 Minuten backen.

ALPENRÖGGELCHEN

Alpenroggenmehl ist eine spezielle Mehlmischung, die aus verschiedenen Roggensorten besteht. Ich kenne die genaue Zusammensetzung nicht, es soll wohl u. a. das österreichische Schwarzroggenmehl enthalten sein. Brote bekommen damit einen ganz eigenen Geschmack. Der Roggensauerteig für dieses Brot wird am Vortag angesetzt. Für die Frischhaltung und das Aroma ist noch ein Brühstück mit Altbrot und Leinsamen enthalten, das ebenfalls am Vortag hergestellt und nach dem Abkühlen gekühlt werden kann.

Zubereitungszeit: 23–24 Stunden
Stockgare: 3 Stunden
Stückgare: 90–120 Minuten
Backzeit: 45–50 Minuten

ZUTATEN FÜR 1 BROT, ca. 1050 g

Roggensauerteig
150 g Alpenroggenmehl
150 g Wasser
30 g Anstellgut für Roggensauerteig

Brühstück
50 g geröstetes Altbrot
30 g geschrotete Leinsamen
200 g Wasser

Hauptteig
Roggensauerteig
Brühstück
200 g Alpenroggenmehl
200 g Weizenmehl 1050
100 g Lievito Madre, mindestens 4 Stunden vorher gefüttert
90 g Wasser
2 g frische Hefe
2 TL Zuckerrübensirup
12 g Salz
1 TL Schabzigerklee oder anderes Brotgewürz

ROGGENSAUERTEIG

Das Anstellgut im Wasser auflösen und das Mehl unterrühren. 16 Stunden bei Raumtemperatur gehen lassen.

BRÜHSTÜCK

Das Altbrot mit den Leinsamen mischen und mit dem kochenden Wasser überbrühen. 3–4 Stunden abkühlen lassen.

HAUPTTEIG

AUTOLYSE Alpenroggenmehl, Weizenmehl, Roggensauerteig, Brühstück und 50 g Wasser in die Schüssel der Knetmaschine geben, auf kleiner Stufe mischen und 1 Stunde abgedeckt stehen lassen.

MISCHEN UND KNETEN Alle restlichen Zutaten dazugeben und auf der kleinsten Stufe 6 Minuten mischen. Auf der höchsten Stufe für Hefeteig 3 Minuten kneten. Eventuell in den letzten 3 Minuten noch das restliche Wasser unterkneten.

STOCKGARE Den Teig in eine leicht geölte Schüssel mit Deckel geben, einmal rundum falten und umdrehen. Abgedeckt 3 Stunden gehen lassen.

FORMEN Teig auf eine bemehlte Backunterlage geben, einmal rundum falten und rundwirken. Mit dem Schluss nach unten in einen bemehlten runden Gärkorb geben.

STÜCKGARE Den Teig 90–120 Minuten abgedeckt gehen lassen. Nach 90 Minuten die Fingerprobe machen.

BACKEN

Den Backofen auf 250 °C Ober- und Unterhitze vorheizen, ein Backblech mit aufheizen. Dieses herausnehmen und den Teigling aus dem Gärkorb auf das Backblech stürzen. Backblech auf die mittlere Schiene in den Ofen schieben. Backofen schwaden und die Tür verschließen. Nach 15 Minuten den Dampf ablassen und den Backofen auf 200 °C herunterschalten. Weitere 30–35 Minuten backen.

SCHWEIZER KRÜSTLI „ALL-IN-ONE“

Ruchmehl ist ein typisches schweizerisches Alltagsmehl. Da es mehr Schalenanteile hat als das deutsche Auszugsmehl und mit einem speziellen Mahlverfahren hergestellt wird, hat es einen ganz besonderen, leicht nussigen Geschmack. Ruchmehl zählt mittlerweile auch zu meinen Favoriten. Es ist zum Glück inzwischen in Deutschland, zumindest über den Online-Handel, gut zu bekommen. Der fertige Teig kann bedenkenlos einige Stunden länger im Kühlschrank bleiben.

Zubereitungszeit: 28–29 Stunden
Stockgare: 2 + 24 Stunden
Stückgare: 60–90 Minuten
Backzeit: 45–50 Minuten

ZUTATEN FÜR 1 BROT, ca. 750 g

450 g Ruchmehl
50 g Roggenmehl 1150
335 g Wasser
2 g frische Hefe
1 TL Honig
12 g Salz
20 g Butter

TEIG

MISCHEN UND KNETEN Alle Teigzutaten, außer 35 g Wasser und Butter, in die Schüssel der Knetmaschine geben und auf der kleinsten Stufe 3 Minuten mischen. Auf der höchsten Stufe für Hefeteig 16–18 Minuten kneten, bis sich der Teig vom Schüsselrand löst. Nach 6–8 Minuten eventuell das restliche Wasser schluckweise dazugeben und mit unterkneten. Nach 12 Minuten die Butter in Stückchen in den Topf geben und mit unterkneten.

STOCKGARE Den Teig in eine leicht geölte Schüssel mit Deckel geben und rundum einmal von außen zur Mitte hin falten. Den Teig umdrehen und abgedeckt 2 Stunden gehen lassen. Zwischendurch nach 1 Stunde nochmal rundum falten und wieder umdrehen. Nach 2 Stunden den Teig 24 Stunden kühl stellen.

FORMEN Den Teig auf eine leicht bemehlte Unterlage geben, nochmal rundum zur Mitte hin falten, umdrehen und rundwirken. Den Teig 10 Minuten ruhen lassen, umdrehen und langwirken. Mit dem Schluss nach oben in einen bemehlten länglichen Gärkorb geben.

STÜCKGARE Den Teig 60–90 Minuten abgedeckt gehen lassen. Nach 60 Minuten die Fingerprobe machen.

BACKEN

Den Backofen auf 250 °C Ober- und Unterhitze vorheizen, ein Backblech mit aufheizen. Dieses aus dem Backofen nehmen, den Teigling aus dem Gärkorb auf das Blech stürzen und einschneiden. Das Backblech auf die mittlere Schiene in den Backofen schieben. Backofen schwaden und die Tür verschließen. Nach 15 Minuten den Dampf ablassen und den Backofen auf 200 °C herunterschalten. Weitere 30–35 Minuten backen.

JOGHURT-EMMERLING „ALL-IN-ONE" IM TOPF

Emmermehl ist eine Urgetreidesorte mit einem leicht nussigen und sehr aromatischen Geschmack. Der Teig wird, wie bei allen „All-in-One"-Teigen in einem geknetet. Als Triebmittel sind nur Hefewasser und Lievito Madre enthalten. Nach 3 Stunden Stockgare bei Raumtemperatur kommt der Teig für weitere 12–14 Stunden in den Kühlschrank und entwickelt dadurch viel Aroma. Der Teig kann einige Stunden länger im Kühlschrank bleiben.

Zubereitungszeit: 19–22 Stunden
Stockgare: 17–19 Stunden
Stückgare: 60–90 Minuten
Backzeit: 45–50 Minuten

ZUTATEN FÜR 1 BROT, ca. 850 g

300 g Emmervollkornmehl
200 g Weizenmehl 550
210 g Hefewasser aktiv, alternativ 2 g frische Hefe und Wasser
100 g Lievito Madre, mindestens 4 Stunden vorher gefüttert
1 TL Honig
150 g Joghurt
12 g Salz

TEIG

MISCHEN UND KNETEN Alle Teigzutaten, außer 30 g Hefewasser, in die Schüssel der Knetmaschine geben und auf der kleinsten Stufe 2 Minuten mischen. Auf der höchsten Stufe für Hefeteig 8 Minuten kneten, bis sich der Teig vom Schüsselrand löst. Nach 2 Minuten eventuell das restliche Wasser schluckweise dazugeben und mit unterkneten.

STOCKGARE Den Teig in eine leicht geölte Schüssel geben und rundum einmal falten. Umdrehen und abgedeckt in der Schüssel 3 Stunden bei Raumtemperatur gehen lassen. Zwischendurch nach 1 und 2 Stunden nochmal dehnen und falten. Weitere 12–14 Stunden im Kühlschrank gehen lassen.

FORMEN Den Teig aus dem Kühlschrank nehmen und bei Raumtemperatur 2 Stunden stehen lassen. Dann auf eine bemehlte Backunterlage geben und vorsichtig ohne zu viel Druck rundwirken. Mit dem Schluss nach oben in einen bemehlten runden Gärkorb legen.

STÜCKGARE Abgedeckt 60–90 Minuten bei Raumtemperatur gehen lassen. Nach 60 Minuten die Fingerprobe machen.

BACKEN

Den Backofen auf 250 °C Ober- und Unterhitze vorheizen, einen gusseisernen runden Topf inkl. Deckel mit aufheizen. Den Topf herausnehmen und Deckel abnehmen. Den Teigling aus dem Gärkorb vorsichtig in den Topf fallen lassen. Den Topf verschließen und auf die unterste Schiene stellen. Backofen auf 220 °C herunterschalten und 50 Minuten backen. Die letzten 10 Minuten kann der Deckel abgenommen werden.

KAMUT-RUCH-KASTEN

Durch ein Quellstück mit Sonnenblumenkernen, Walnüssen, Kürbiskernen, Leinsamen und geriebenem Apfel und viel Vollkornmehl wird dieses Brot besonders saftig und bleibt lange frisch. Der Teig ist relativ weich und wird daher in der Kastenform gebacken.

Zubereitungszeit: 24–25 Stunden
Stockgare: 3 Stunden
Stückgare: 90–120 Minuten
Backzeit: 45–50 Minuten

ZUTATEN FÜR 1 KASTENBROT
ca. 33 × 11 cm, ca. 1150 g

Hefevorteig
200 g Kamutvollkornmehl
200 g Hefewasser aktiv, alternativ 200 g Wasser und 3 g frische Hefe

Quellstück
30 g Sonnenblumenkerne
40 g Walnüsse
25 g Kürbiskerne
1 Apfel gerieben, ca. 100 g
20 g Leinsamen
100 g Wasser

Hauptteig
Hefevorteig
Quellstück
300 g Ruchmehl
50 g Waldstaudenroggen
100 g Wasser
120 g Lievito Madre, 4 Stunden vorher gefüttert
1 TL Zuckerrübensirup
14 g Salz
20 g Butter

HEFEVORTEIG

100 g Kamutmehl mit dem Hefewasser vermischen und 12 Stunden gehen lassen. Das restliche Kamutmehl und Hefewasser dazugeben, untermischen und weitere 6 Stunden gehen lassen.

QUELLSTÜCK

Die Kerne, Nüsse und Leinsamen in einer Pfanne trocken rösten. Apfel untermischen und mit dem Wasser übergießen. 2–3 Stunden quellen lassen.

HAUPTTEIG

MISCHEN UND KNETEN Hefevorteig und Quellstück sowie alle weiteren Zutaten für den Hauptteig, außer Butter, in die Schüssel der Knetmaschine geben und auf der kleinsten Stufe 2 Minuten mischen. Auf mittlerer Stufe für Hefeteig 6 Minuten kneten. In den letzten 2–3 Minuten die Butter in Stückchen dazugeben und mit unterkneten.

STOCKGARE Den Teig in der Rührschüssel 3 Stunden gehen lassen.

FORMEN Den Teig mit einem Spatel in eine gefettete Kastenform geben und mit nassen Händen glattstreichen.

STÜCKGARE 90–120 Minuten bei Raumtemperatur gehen lassen, bis sich der Teig verdoppelt hat.

BACKEN

Den Backofen auf 250 °C Ober- und Unterhitze vorheizen, ein Backblech auf der mittleren Schiene mit aufheizen. Die Form auf das Backblech schieben. Backofen schwaden und die Tür verschließen. Nach 15 Minuten den Dampf ablassen und den Backofen auf 200 °C herunterschalten. Weitere 30–35 Minuten backen. Das Brot herausnehmen und aus dem Kasten auf ein Gitter stürzen.

MANITOBASTÜCKE

Diese Brötchen sind sehr leicht nachzubacken, da sie vom fertigen Teig einfach mit einer Teigkarte abgestochen werden. Teige mit Manitobamehl werden ganz besonders geschmeidig und sind toll zu verarbeiten. Als Alternative für Manitobamehl kann Weizenmehl 550 genommen werden, dann wird etwas weniger Flüssigkeit benötigt.

Zubereitungszeit: 19–21 Stunden
Stockgare: 6 Stunden
Stückgare: 45 Minuten
Backzeit: 15–20 Minuten

ZUTATEN FÜR 12 BRÖTCHEN

Hefevorteig
100 g Manitobamehl
100 g Wasser
30 g Anstellgut für Weizensauerteig
1 g frische Hefe
12 g Salz

Hauptteig
Hefevorteig
250 g Manitobamehl
150 g Weizenmehl 1050
120 g Lievito Madre, 4 Stunden vorher gefüttert
200 g Wasser
1 g frische Hefe
1 TL Honig
25 g Olivenöl

HEFEVORTEIG

Die Hefe und das Anstellgut im Wasser auflösen. Salz und Mehl untermischen und 12–14 Stunden bei Raumtemperatur gehen lassen.

HAUPTTEIG

MISCHEN UND KNETEN Hefevorteig sowie alle weiteren Zutaten für den Hauptteig, außer 30 g Wasser und Olivenöl, in die Schüssel der Knetmaschine geben und auf der kleinsten Stufe 2 Minuten mischen. Auf der höchsten Stufe für Hefeteig 16 Minuten kneten, bis sich der Teig vom Schüsselrand löst. Nach 10 Minuten eventuell das restliche Wasser schluckweise dazugeben und mit unterkneten. Nach 13 Minuten das Olivenöl langsam dazugießen und mit unterkneten.

STOCKGARE Den Teig in eine leicht geölte Schüssel mit Deckel geben und rundum einmal von außen zur Mitte hin falten. Den Teig umdrehen und bei Raumtemperatur abgedeckt 6 Stunden gehen lassen. Zwischendurch nach 2 und 4 Stunden nochmal falten.

FORMEN Den Teig auf eine bemehlte Unterlage geben und von oben etwas bemehlen. Den Teig mit den Händen zu einem Rechteck ausziehen (1). Mit einer Teigkarte viereckige Teiglinge abstechen (2). Die Teiglinge auf Backpapier setzen (3).

STÜCKGARE Die Teiglinge abgedeckt 45 Minuten gehen lassen.

BACKEN

Den Backofen auf 250 °C Ober- und Unterhitze vorheizen, ein Backblech mit aufheizen. Dieses herausnehmen und das Backpapier mit den Teiglingen daraufziehen. Das Blech auf der mittleren Schiene einschieben und Backofen schwaden. Die Tür verschließen. Nach 10 Minuten den Dampf ablassen. Weitere 5–10 Minuten backen, bis die Oberfläche schön braun ist.

SERVICE

BEZUGSQUELLEN

Ruchmehl, Tipo 0, Alpenroggenmehl und weitere spezielle Sorten in hervorragender Qualität sowie Backzubehör wie Kippdielen, Bäckerleinen, große Teigkarten, Gärkörbe, Teigwannen findet man bei der **Fa. bon'gu**, https://bongu.de

Alle Urkornmehle in hervorragender Qualität bekommt man bei der **Hecker Urkornmühle**. Das Getreide wird vor Ort vom Shop-Betreiber selbst angebaut und frisch gemahlen. Im Shop bekommt man auch das ganze Getreide, Urkornflocken und Urkorngrieß.
https://hecker-urkorn.de/urkorn-shop/

Eine große Auswahl an speziellen Backformen, Gärkörben und weiteres Backzubehör sowie eine große Auswahl an Mehl, Getreide und vieles mehr zum Thema Brotbacken bekommt man bei **Fa. Ketex** im Online-Shop.
https://ketex.de/online-shop/

Einen Backstahl in der eigenen Backofengröße kann man bei der **Fa. Blechking** maßschneidern lassen.
https://blechking.de

Eine tolle erschwingliche Getreidemühle hat die **Fa. Mockmill** auf den Markt gebracht. https://mockmill.com

Die **Hubermühle** in der Ortenau hat ein großes Angebot an verschiedenen Mehl- und Getreidesorten und anderen Backzutaten, auch viel in Bioqualität.
https://hubermuehle.de

LITERATUR

Die **Zeitschrift BROT**. Das Magazin erscheint sechsmal jährlich. Ein Heft rund um das Thema Brot mit vielen Infos, interessanten Geschichten über Menschen, viele Rezepte, fortlaufendem Einsteigerkurs und vieles mehr. Außerdem gibt es jährlich 4 Sonderhefte zu bestimmten Themen.
https://www.brot-magazin.de/.

Brot. Teubner Verlag München, 2016. Das Buch von der deutschen Bäcker-Nationalmannschaft, die hier ihre besten Brotrezepte und so einige Tipps und Kniffe rund ums Brotbacken verraten.

Brenneis, Siegfried; Kötter, Engelbert: **Urgetreide – Dinkel, Emmer, Urroggen und mehr.** Matthaes Verlag Stuttgart, 2016. Eigentlich ein Fachbuch für Bäckereien, aber durchaus lesenswert und interessant, wenn man Urkorn-Fan ist oder wird und schon etwas in der Materie drin ist.

Geißler, Lutz: **Brotbackbuch Nr. 1 – Grundlagen und Rezepte für ursprüngliches Brot.** Ulmer Verlag, 2018. Das Standardwerk über die traditionelle Brotbackkunst mit langer Teigführung und sehr wenig Hefe für Brote mit ursprünglichem Aroma und hoher Qualität.

Johansson, Martin: **Sauerteigbrot.** AT-Verlag München, 2014. Ein gutes Buch, um sich noch tiefer in das Thema Sauerteig einzulesen. Mit vielen Rezepten für Brot, Brötchen und mehr mit Sauerteig.

BLOGS

https://brotbackliebeundmehr.com
Mein eigener Blog mit vielen Brot- und Brötchenrezepten und Rezepten aus meiner Küche.

https://brotdoc.com
Der Brotbackblog von Björn Hollensteiner, einem brotbackenden Arzt, der vor 8 Jahren als Ausgleich zu seiner Arbeit angefangen hat, Brot selbst zu backen. Mit sehr vielen empfehlenswerten Brot- und Brötchenrezepten zum Nachbacken.

https://brotkoerbchen.blog
Der Brotbackblog von meiner lieben Freundin Andrea Danz. Sie hat eine ganz eigene Art zu backen und eine Vorliebe für Urgetreide und italienische und französische Mehle und ist eine großartige und sehr talentierte Bäckerin.

https://ploetzblog.de
Lutz Geißler ist einer der bekanntesten Blogger zum Thema Brotbacken in Deutschland. Er war einer der ersten, die sich intensiv damit beschäftigt haben. Seine Art zu backen hat viele Hobbybäcker inspiriert. Lutz Geißler hat bereits zahlreiche Brotbackbücher geschrieben.

https://samskitchen.at
Samuel Kargl hat das Brotbacken vor 7 Jahren für sich entdeckt und sich zu einem großartigen Bäcker entwickelt, der über die Grenzen von Österreich bekannt geworden ist. Seine Vorlieben sind Roggenbrote, aber auch alles andere ist bei ihm zum Nachbacken zu finden.

https://schellikocht.de
Manfred Schellin, in Fachkreisen als Schelli bekannt, ist ein leidenschaftlicher Hobbybäcker und -koch, der ein unglaubliches Wissen über Brot, Teige und Lebensmittel hat. Sein Blog ist gefüllt mit Brotrezepten auf höchstem Niveau und mindestens genau so vielen unglaublich guten Rezepte aus seiner Küche.

https://tomthebacker.com
Tom ist Bäckermeister und verrückt nach gutem Brot und ein sehr leidenschaftlicher Bäckermeister, der diesen Beruf tatsächlich gerlernt hat. Seine Rezepte und Brote sind außergewöhnliche Kreationen auf höchstem Niveau und trotzdem einfach nachzubacken. Tom hat seit einigen Monaten einen Blog, auf dem er seine Rezepte teilt, und in kürzester Zeit eine große Fangemeinde bekommen.

COMMUNITIES

Brotbackliebe ...undmehr: Meine Facebookgruppe mit über 13 000 Mitgliedern, mit großer Rezeptsammlung zum Abrufen und viel Austausch und Hilfe bei Fragen. In der Gruppe geht es vor allem ums Brotbacken, aber auch um das Selbstmachen vieler Lebensmittel und allem was mit Kochen und Backen zu tun hat.

Angebacken: Ebenfalls eine große und empfehlenswerte Brotbackgruppe, in der es um das Backen von Brot und Brötchen geht, viele Infos, Unterstützung und Austausch.

DIE AUTORIN

Valesa Schell (verheiratet, ein Sohn) war lange im sozialpädagogischen Bereich tätig. Vor sieben Jahren begann sie, ihr eigenes Brot zu backen, weil ihr gekauftes Brot nicht mehr geschmeckt und sie es oft nicht vertragen hat. Alles rund um das Thema Brot ist mittlerweile zu ihrer großen Leidenschaft geworden. Ihr Blog „Brotbackliebe...undmehr" ist mit weit über 4 Millionen Aufrufen einer der am meisten gelesenen Brot- und Foodblogs in Deutschland. Die gleichnamige Facebookgruppe ist die größte Backgruppe im deutschsprachigen Raum.

DANKSAGUNG

Ohne die vielen Helferlein im Hintergrund wäre dieses Buch nicht entstanden.
Ein ganz großes Dankeschön geht an meine Freundinnen Andrea Danz, Deborah Meßmer, Sylvia Richter und Andrea Puchstein. Sie alle waren die fleißigen Bäckerinnen, die die Rezepte für dieses Buch nachgebacken haben, damit sie fotografiert werden konnten. Ein ebenso großes Dankeschön an Margit, Edmund und Johannes Frey, die Inhaber der Bischoff-Mühle in Billigheim-Ingenheim/Pfalz, die uns ihre Räumlichkeiten für vier Tage zur Verfügung gestellt und uns alle mit so einer liebevollen Freundlichkeit aufgenommen haben. Wir haben uns alle super wohl bei euch gefühlt.

Ganz lieben Dank an meine Fotografin Heike Schmidt-Röger und ihre Assistentin Simone, die beide Höchstleistungen erbracht haben und ganz schnell und selbstverständlich ein Teil des tollen Teams wurden.

Vielen Dank an meine Freundin Melanie Munk und ihren Mann Michael, die selbstverständlich vorbeigekommen sind, um dann stundenlang Geschirr zu spülen. Und natürlich an Steffen Maßwig, der ganz ungeplant immer wieder im Hintergrund mitgeholfen hat.

Auch meinem Facebook-Admin-Team möchte ich von Herzen für ihre Unterstützung danken. Samuel Kargl, Andrea Danz, Marc Zastera, Petra Hatzesberger, Sylvia Richter, Steve Dollase, Helge Lamp, Iris Pitthan und Deborah Meßmer... ihr seid das tollste Team, das man sich nur wünschen kann.

Ein ganz großes Danke geht an meinen Mann Jörg Schell, der mich immer unterstützt und mir den Rücken freigehalten hat, damit dieses Buch entstehen konnte.

Und zuletzt meinen großen Dank an Antje Munk und Lisa Seibel, meine Lektorinnen vom Ulmer Verlag und Sabine Drobik, meiner Außenlektorin, die mir immer unterstützend zur Seite standen.

SCHNELL NACHGESCHLAGEN

BILDQUELLEN

Titelfoto: Stockfood/Gräfe & Unzer Verlag/Neubauer, Matthias
Alle Fotos im Innenteil stammen von Heike Schmidt-Röger.

BIBLIOGRAFISCHE INFORMATION DER DEUTSCHEN NATIONALBIBLIOTHEK

Die Deutsche Nationalbibliothek verzeichnet diese Publikation in der Deutschen Nationalbibliografie; detaillierte bibliografische Daten sind im Internet über http://dnb.d-nb.de abrufbar.

Wollgrasweg 41, 70599 Stuttgart (Hohenheim)
E-Mail: info@ulmer.de
Internet: www.ulmer.de
Lektorat: Antje Munk, Lisa Seibel, Sabine Drobik
Herstellung: Silke Reuter
Umschlag-Gestaltung: Antje Warnecke, nordendesign.de
Satz: Susanne Junker, red.sign, Stuttgart
Reproduktion: timeRay Visualisierungen, Jettingen
Druck und Bindung: Livonia Print, Riga
Printed in Latvia

ISBN 978-3-8186-0687-9